Dalva Silva Souza

Os Caminhos do Amor

feb
FEDERAÇÃO ESPÍRITA BRASILEIRA

ISBN 978-85-7328-532-1

B.N. 125.768

2ª edição – *Do 3º ao 7º milheiro*

000.5-O; 9/2007

Capa: Caroline de Queiroz Vasquez

Projeto gráfico: Agadyr Torres e Saraí Ayres Torres

Composição e editoração:
Departamento Editorial e Gráfico – Rua Souza Valente, 17
20941-040 – Rio de Janeiro (RJ) – Brasil
CNPJ nº 33.644.857/0002-84 *I.E. nº 81.600.503*

Pedidos de livros à FEB – Departamento Editorial:
Tel.: (21) 2187-8282, FAX: (21) 2187-8298.

CIP-BRASIL. CATALOGAÇÃO-NA-FONTE
SINDICATO NACIONAL DOS EDITORES DE LIVROS, RJ.

S714c
2.ed.
Souza, Dalva Silva, 1947-
Os caminhos do amor / Dalva Silva Souza. – 2. ed. – Rio de Janeiro: Federação Espírita Brasileira, 2007
232p.: 14x21cm

ISBN 978-85-7328-532-1

1. Espiritismo. 2. Amor. I. Federação Espírita Brasileira. II. Título

07-2758. CDD 133.9
CDU 133.7

19.07.07 19.07.07 002754

Dedicatória

Aos que estiveram e estão ao meu lado, mais de perto, neste caminho do amor, *na presente encarnação:*

> *meus pais: Sebastião M. Silva e Lydia M. Silva;*
> *meus irmãos: Cylene Dalva, Newton, Renato e Leila;*
> *meus filhos: Renata, Luiz Gustavo, Vítor Estêvão e Marcelo Henrique*
> *e, sobretudo, Eloi, meu esposo, aquele que, nos últimos anos, vem compartilhando comigo os momentos bons e menos bons dessa difícil jornada.*

Sumário

Prefácio

Será sempre um prazer participar de um trabalho de divulgação das idéias espíritas, ainda mais quando esse trabalho é fruto intelectual da nossa tão estimada companheira de tarefas, a Prof.ª Dalva Silva Souza. Dalva, nesta atual encarnação, veio aquinhoada com invejável carga de tarefas da mais alta confiança das potestades espirituais responsáveis pelos destinos do Movimento Espírita, em terras brasileiras. Não só porque ela é professora, sempre ligada aos jovens estudantes, ensinando a língua portuguesa de forma dedicada, nem apenas por sua devoção à família, mas por sua participação perseverante nas lides espíritas, não apenas como palestrante, dirigente de Departamento de Doutrina da instituição espírita onde se entrega ao serviço, nem só por seus artigos e livros publicados, mas também por sua mediunidade, límpida e segura, com a qual orienta as pessoas que lhe buscam o amparo, e pelas páginas tranqüilas e cheias de ensinamentos que os mais diversos companheiros do mundo espiritual lhe confiam.

É assim que, confiante, já me coloquei à vontade para antepor-me aos arrazoados da professora Dalva, antes mesmo de buscar nos seus escritos os conceitos catalogados e os argumentos, por certo ricos de ensinamentos. Pela profundidade dos trabalhos já desenvolvidos por Dalva, sei antecipadamente, também, que os seus recursos são extremamente consubstanciados em Allan Kardec. Mas, agora que ela se propôs a desvendar *os caminhos do amor*, pretendo segui-la, passo a passo, acompanhando as letras de luz que ela foi grafando, aqui e ali, numa tentativa de iluminar as trilhas mais fáceis de seguir, para o alcance dos recursos promissores da afetividade, junto aos nossos mais queridos que nos cercam os dias na Terra.

Será que todos já sabem realmente como conduzir os passos diante do cipoal sociomoral que se enfrenta no mundo, quase sempre sem o equipamento apropriado, desbravando-se questões de alta relevância para o restabelecimento do crescimento espiritual, não só o próprio, como também o dos filhos e demais familiares? Sabe-se o caminho acertado para conduzir o grupo familiar no rumo da paz efetiva? Encontram-se todos suficientemente esclarecidos para indicar ao próximo mais próximo qual o sentido certo para a caminhada da felicidade? *Os caminhos do amor* parece-me que é um esforço a mais, mas reforço hercúleo, sólido, esperançoso, carregado de argumentos persuasivos e suficientes para induzir o leitor ao raciocínio lúcido sobre a energia potencial existente no grupo familiar. Dalva deixa aqui vetores bem nítidos para o direcionamento das cargas de *instintos*, *sensações*, *sentimentos* e *responsabilidades*, encontradas na família, considerando os papéis principais: maridos, esposas e filhos.

A estrutura da sociedade atual está baseada na unidade da família, e é aí que estão investidos todos os potenciais e recursos dos setores mais avançados dos educadores espirituais para a recuperação e educação espiritual das almas endividadas, confusas, inoperantes, incautas, invigilantes, orgulhosas, egoístas, criminosas, enfim, que permanecem em grupos afins e sempre gravitando em torno de idéias inferiores, sem nenhuma expressão de amor verdadeiro. Assim é. Há famílias inteiras sofrendo a ação de um de seus componentes: doente, mau, enlouquecido, irresponsável, mal-educado, irreverente, que acicata os dias daqueles outros que querem a paz, a felicidade e que não conseguem atinar com uma saída, vivendo como se estivessem numa prisão sem grades. Existem familiares que, por mais que se lhes demonstrem tolerância, boa vontade, amizade, não deixam que se pratiquem, perto deles, os verdadeiros sentimentos cristãos, pondo à prova os que querem acertar, fazendo-os chegar às raias da desistência ou da irritação perigosa.

Indubitavelmente, é preciso encontrar caminhos que conduzam ao acerto justo, aos destinos de paz e felicidade, porém onde estão as pegadas luminosas que possamos rastear? Será que o Cristo andou por sobre terreno pedregoso e refratário? Na meditação séria e profunda sobre os questionamentos da prof.ª Dalva, acredito que hão de ser encontradas algumas dessas pegadas, capazes de mostrar o caminho que leva ao amor. No vislumbre de uma dessas simples pegadas, haverá esperança, porque ela estará carregada das luzes consoladoras do Espiritismo. Nas trevas densas do sentimento, na ausência quase total de luz neste século mau, um simples foco iluminador será o suficiente para indicar a saída tão esperada por todo aquele que se preocupa com o seu grupo familiar.

Observei que a presença de Allan Kardec, em mais esta obra da prof.ª Dalva, é substancial, tem um peso extraordinário, representando a palavra verdadeira dos Espíritos superiores, apoiando a pesquisadora em suas colocações doutrinárias sobre a mulher, o homem, os filhos, a família, enfim. O Espiritismo tem muito a oferecer quando se trata da vida familiar, pois ele esclarece diversos pontos importantes para a resolução dos conflitos existenciais, não só dos indivíduos, mas também das coletividades. As vantagens de saber que os laços de família não são destruídos pela morte do corpo físico, mas, ao contrário, aumentados, já seriam suficientes para uma outra obra à parte. Sem falar na possibilidade da programação da formação do grupo familiar antes da encarnação de cada um dos seus componentes. Isso é por demais extraordinário, quando se observam as tendências de cada um em particular ou mesmo do grupo inteiro, ampliando os estudos da hereditariedade corporal para a psíquica.

Não só isso, mas o saber que todos são Espíritos imortais em caminhada para Deus. Eis a proposta espírita para o raciocínio mais puro nessa questão, antes dos vínculos de parentes, amigos, irmãos, primos, pais e filhos, todos são de Deus. Ele garante a vida e as chances de cada um, criou a todos e deu as condições múltiplas para o progresso. Não é preciso necessariamente padecer, sofrer até às fronteiras da loucura, sem enxergar o fim das torturas físicas e psicológicas que a vida atual tem proporcionado à maioria. A inteligência encarnada tem obrigação de encontrar *os caminhos do amor* na Terra, onde há algumas pistas para o amor perene.

Então, sem mais demandas, a autora, preocupada, como sempre foi, com as questões da família no mundo, sendo mulher, faz considerações, à luz do Espiritismo, contribuindo com as argumentações ainda tímidas da psicologia comportamental. Ela rebusca nos diversos autores da Humanidade, dita civilizada, os argumentos mais significativos sobre a maternidade e o feminismo, para qualificar as razões prioritárias das funções da mulher na sociedade. Sobretudo sua participação na família, onde está diretamente ligada à criança, com extensão à escola, significando instrução e educação. Ainda não fica de fora o jovem, com o seu despertar da consciência e o inevitável confronto com a sociedade contraditória, hipócrita e injusta.

Depois, nas bases da formação da família, Dalva evoca a juventude, o expandir das forças genésicas, o encontro corporal de almas que se buscam, o casamento e a própria construção da família. É um palpitar constante de amor e conflito, afetividade e desilusão, esperança e decepção, cooperação e descaso, dedicação e ingratidão, fidelidade e traição, lealdade e desconsideração, e assim por diante, visto que as famílias não têm sido formadas de um modo consciente, seguro, na sinceridade do amor, mas muito mais pela força dos interesses familiares, da aparência física, da gravidez acidental, do sexo sem afeto. Compõem-se sem que, ao menos, os cônjuges se conheçam direito.

Aproveito o espaço para considerar que tais famílias formaram-se ou formam-se, sem nenhuma base espiritual, mas segundo a lei geral das coisas, como cresce o mato no terreno baldio. Deixa-se um terreno sem cuidados e ali cresce de tudo, capim, carrapicho, mamona, colonhão, favorecendo os ninhos de cobras, ratazanas, lagartos, mosquitos, moscas, donde advêm doenças e sofrimentos. Por outro lado, se os moços e moças procurarem se conhecer melhor, dialogarem mais, observarem quem é o outro, buscarem saber de suas tendências, fraquezas, defeitos e também virtudes, principalmente se os moços se preocuparem em avaliar se estão sabendo o que querem, é possível que o lar formado por eles seja um belo jardim, onde se possam gozar os louvores da ordem estabelecida dos canteiros, com as plantas ornamentais, as flores escolhidas e o perfume em que se deliciem.

Dalva tem a palavra, ouçamo-la! Que se retire do manancial de seus conhecimentos aquilo que por certo ficará gravado para sempre na consciência, justamente para que, unificado o pensamento da realidade espiritual no homem, possamos construir, todos juntos, as propostas de antes, bem antes, e que se concretizam agora.

L. Palhano Jr.

Para encontrar o caminho...

"De novo a estrela brilhará, mostrando
o perdido caminho da perdida inocência.
E eu irei pequenino, irei luminoso
conversando anjos que ninguém conversa."

Carlos Drummond de Andrade

Impossível deter o progresso. Uma nova ordem de coisas deve estabelecer-se na Terra, a fim de que nosso mundo de expiações e provas se transforme em um mundo de regeneração, conforme nos ensinam os Espíritos. A transformação ocorrerá, apesar das grandes resistências que se lhe opõem e não há, nesse campo de luta, a opção da neutralidade. Se nada estamos fazendo na direção em que apontam as setas do progresso, é que pertencemos ao extenso número dos que opõem resistência passiva à renovação.

Crenças e instituições antigas constituem, no momento atual, fortes entraves ao grande passo que a Humanidade precisa dar, daí a necessidade de mudanças radicais – perspectiva um tanto aflitiva, já que é próprio do homem temer o desconhecido. Nossa certeza da iminência da mudança de que falamos se firma na análise do momento em que vivemos, à luz das informações bastante amplas e seguras provenientes das fontes espirituais.

Diante desse quadro, move-me o desejo de refletir sobre um fascinante tema, que é, ao mesmo tempo, o elemento-chave para gerar toda a transformação necessária. Quero refletir sobre os encontros e desencontros afetivos nos caminhos da existência terrena. Quero falar do *amor*, examinar se há possibilidade de torná-lo mais presente em nossas vidas e destacar algumas informações dos Espíritos que facilitem essa possibilidade.

A quantidade de textos que já se escreveu sobre esse tema nos dá uma noção muito clara da grande dificuldade de se trazer uma contribuição absolutamente original ao assunto. Para pretendermos essa originalidade absoluta, precisaríamos antes conhecer todos os escritos, todas as teses, todas as histórias verdadeiras ou inventadas que já foram tecidas sob a motivação do amor, e acredito ser impossível atingir esse conhecimento. Ainda assim, disponho-me a escrever sobre o tema, acreditando que, em um ou outro lance, você, leitor(a), possa encontrar algo a ser colhido para enriquecer-lhe os momentos de reflexão ou para minimizar sua angústia, ao surpreender-se, muitas vezes, tão-só na jornada difícil do aprendizado do afeto.

Apresentada a intenção, é preciso começar a tarefa, encontrar o caminho. Todo trabalho tem o seu primeiro passo, que nem sempre é muito fácil. Pela leitura, busquei captar subsídios nas obras de pensadores contemporâneos, analisando as idéias colhidas à luz do Espiritismo.

Durante as meditações sobre o assunto, a complexidade dos diversos ângulos do tema suscitou a freqüente indagação: "Por onde começar esta caminhada?". Bem, em relação à vida na Terra, o começo é sempre o berço, mas, na verdade, na ótica espírita, nascer é renascer, reencontrar antigos afetos. Alguém poderia objetar que se pode também encontrar antigos desafetos, renascendo entre os adversários do passado. Isso é verdadeiro, mas repetindo algo que André Luiz afirmou certa feita, diríamos que "o ódio é o amor que adoeceu", então os desafetos são, na realidade, afetos que se contaminaram pela mágoa, ressentimento e outros sentimentos negativos. Essa controvérsia, contudo, não interessa no momento. Iniciemos a nossa jornada tomando, como ponto de partida, o nascimento para mais uma experiência na Terra, sem desconsiderar que existe um tempo anterior, que permanece oculto aos olhos físicos.

Temos, no episódio do renascimento, um encontro muito íntimo de duas individualidades. Curioso encontro em que uma individualidade está na fase adulta e a outra num estado de total e completa dependência, ligada a um organismo físico bloqueador da manifestação de sua riqueza psíquica que, não obstante, faz parte de seu mundo interior.

A aprendizagem do afeto inicia-se nessa relação e, durante toda a existência desse indivíduo que retorna à vida, ele projetará sobre suas experiências afetivas o colorido desse primeiro amor. Imprescindível então refletir sobre a relação mãe/filho, buscando os aspectos mais marcantes desse processo tão fundamental para o crescimento psíquico do ser.

Naturalmente, se a reflexão a ser instituída tem por base a Doutrina Espírita, será necessário focalizar a relação mãe/filho desde o primeiro elo da existência atual, elo que ocorre antes mesmo da concepção, pois, como informa André Luiz,[1] uma ligação psicoeletromagnética se estabelece entre a mulher e aquele que irá ser seu futuro filho, antes da fecundação do óvulo, num processo semelhante ao da enxertia de uma planta. A metáfora é interessante, porque, no processo de enxertia, vincula-se a uma planta adulta o broto que se quer desenvolver e a planta adulta deverá fornecer à outra sua própria seiva. A mulher também oferece abrigo ao seu futuro filho e o alimenta com seu próprio sangue. A interação humana, todavia, difere do processo vegetal pela inusitada complexidade do nosso psiquismo e ainda é preciso considerar a história de cada indivíduo envolvido nessa relação com as possíveis ligações afetivas que podem ter existido entre ambos no passado.

Considerando, então, que as ligações perispirituais antecedem o momento da concepção, é preciso, antes de falar da mãe, refletir sobre a mulher, considerando-a no contexto da cultura moderna. Em seguida, faz-se necessário destacar as questões pertinentes à maternidade, sua importância para a educação do indivíduo e seus limites em relação à possibilidade de êxito do projeto reencarnatório, para só depois seguir a trajetória do indivíduo na infância, adolescência e juventude, passando pelas crises que necessariamente se encontram nesse caminho e observando os diversos obstáculos que se interpõem ao desenvolvimento da capacidade de amar. Convido a você, leitor/leitora, para acompanhar-me nesse passeio pelo mundo das idéias sobre a aprendizagem do afeto, mas não sem antes adverti-lo(a) de que toda viagem envolve riscos e esta não foge à regra.

---

[1] XAVIER, Francisco Cândido. *Missionários da luz.* Pelo Espírito André Luiz. Cap. 13, "Reencarnação".

Mulher/mãe

"A vida triunfará, enquanto no mundo houver
A chance de recomeço num regaço de mulher."

MARIA DOLORES

QUEM É A MULHER?

Essa é uma questão que deve ser respondida antes de elaborarmos outras reflexões sobre o tema. Buscando a resposta a essa questão, fatalmente esbarraremos com uma outra pergunta também importante: quem é a mulher moderna? Tentemos refletir sobre o assunto à luz do Espiritismo...

A mulher é um Espírito reencarnado, com uma considerável soma de experiências em seu arquivo perispiritual. Quantas dessas experiências já vividas terão sido em corpos masculinos? Impossível precisar, mas, seguramente, muitas, se levarmos em conta os milênios que a Humanidade já conta de experiência na Terra.

Para definir a mulher moderna, precisamos acrescentar às considerações anteriores o difícil caminho da emancipação feminina. A mulher de hoje não vive um contexto cultural em que os papéis de ambos os sexos estejam definidos por contornos precisos. A sociedade atual não espera da mulher que apenas abrigue e alimente os novos indivíduos, exige que ela seja também capaz de dar sua quota de produção à coletividade.

Estão as mulheres emergindo de um passado de submissão e subalternidade e começam a ocupar seu espaço, participando mais decisivamente da construção de um novo estilo de vida. São muitas as propostas que se endereçam atualmente ao público feminino. É oportuno e válido que se avaliem criticamente essas propostas, já que, como espíritas, estamos todos comprometidos com o projeto de renovação da Humanidade, que é a meta do Espiritismo.

As pesquisas sociológicas provam que a supremacia masculina foi obtida pela violência. O homem, dotado pela natureza de maior força física, utilizou esse recurso para dominar e oprimir o mais fraco. A mulher, fisicamente mais frágil, porém portadora de maior sensibilidade, tem sabido adaptar-se aos diferentes contextos, exercendo sempre uma influência disfarçada no meio social, adestrando-se nas sutilezas da sedução e do envolvimento. Embora neste século tenhamos caminhado a passos largos em diversas direções de progresso, esse jogo de força e sedução ainda predomina nas relações entre homem e mulher, gerando distorções e conflitos sempre crescentes. Examinemos algumas informações que o estudo espírita nos faculta, para alcançarmos uma compreensão mais clara desse problema.

A sociedade ocidental formou-se sob a forte influência das culturas greco-romana e hebraica, culturas em que a mulher ocupava uma posição de total dependência do homem. Não obstante a pregação de Jesus, que em nenhum momento discriminou a mulher, a igreja primitiva, responsável pela difusão da mensagem cristã ao mundo, absorveu abundantemente a influência do Judaísmo, que via a mulher como a responsável pelo aparecimento do pecado no mundo. É marcante a influência dos textos paulinos na postura adotada pelas organizações religiosas que se incumbem até hoje da difusão do Cristianismo. Observemos o seguinte texto transcrito da Primeira Epístola de Paulo a Timóteo, 2:11 a 14:

> *A mulher aprenda em silêncio, com toda a sujeição.*
> *Não permito, porém, que a mulher ensine, nem use de autoridade sobre o marido, mas que esteja em silêncio.*
> *Porque primeiro foi formado Adão e depois Eva.*
> *E Adão não foi enganado, mas a mulher, sendo enganada, caiu em transgressão.*

As duas primeiras afirmações do texto demonstram claramente como se definia a participação da mulher: aprender em silêncio e submeter-se à autoridade masculina. Em seguida, explicita-se a causa desse posicionamento. Observe-se que a conjunção causal *porque* inicia a frase. Essa causa está na doutrina judaica da criação do mundo, cujo conteúdo todos nós já conhecemos: o homem feito de barro, a mulher da costela do homem, a aparição da serpente, etc.

Já se faz tardia a ingente tarefa que cabe à Doutrina Espírita de escoimar a mensagem cristã dos enxertos provenientes de diversas origens, para que a Doutrina do Cristo possa penetrar a intimidade do coração humano, realizando a tarefa de libertação tão ansiada. Atentos a essa missão, os Espíritos reveladores retomaram as propostas de Jesus e, em *O Livro dos Espíritos*, questões 817 a 822, registram-se as informações que deles colheu Allan Kardec acerca da posição da mulher.

O ENSINO ESPÍRITA – REVELAÇÃO DOS ESPÍRITOS E SUAS POSSÍVEIS LEITURAS

Afirmam os Espíritos que, perante Deus, são iguais o homem e a mulher, pois a ambos outorgou o Pai o discernimento do bem e do mal e a capacidade de progredir. Atestam que as diferenças observadas na organização física servem para designar a homens e mulheres funções específicas no agrupamento humano. Esclarecem que as funções atribuídas à mulher são mesmo mais importantes do que aquelas legadas ao homem, uma vez que cabe à mulher influir mais decisivamente sobre os seres que renascem, transmitindo-lhes as primeiras noções da vida. Informam que uma legislação humana, para ser justa, deverá garantir a homens e mulheres igualdade de direitos. Advertem, contudo, que igualdade de direitos não significa igualdade de funções e que cada um deverá assumir as funções que lhe são próprias, devendo cuidar o homem do exterior e a mulher do interior.

Estão nessa síntese as informações básicas que nos trazem os Espíritos, mas para a compreensão mais profunda de todas as implicações dessas assertivas em relação ao problema que estamos examinando, é preciso que reflitamos mais acuradamente, buscando a contribuição de outros textos. *O Livro dos Espíritos* "é um conjunto de sínteses fecundas que servem de ponto de partida para futuros desdobramentos".[2] De fato, nessa obra encontramos tratados todos os assuntos de interesse humano, mas de forma sintética, exigindo que saibamos deduzir dos textos dos Espíritos os desdobramentos coerentes com as idéias que eles nos trouxeram. Por isso é que, a partir da sua leitura, precisamos buscar textos que nos possam fornecer a contribuição de outros estudiosos que também examinaram o assunto, a fim de ampliarmos nossas reflexões e firmarmos nossas conclusões. Pesquisando o assunto, encontramos as contribuições de Rodolfo Calligaris,[3] Deolindo Amorim,[4] Celso Martins,[5] Humberto de Campos e Emmanuel,[6] Batuíra[7] e Eugênia Braga.[8] Os três primeiros são conhecidos estudiosos espíritas que publicaram seus pensamentos em artigos e livros, os quatro últimos estão desencarnados, trouxeram sua contribuição pela psicografia de Chico Xavier.

2 AMORIM, Deolindo e MIRANDA, Hermínio C. *O Espiritismo e os problemas humanos*, cap. XII.

3 CALLIGARIS, Rodolfo. *As leis morais*. "A igualdade de direitos do homem e da mulher".

4 AMORIM, Deolindo. *Anuário Espírita de 1981*. "A Doutrina Espírita e os direitos da mulher".

5 MARTINS, Celso. *A delicada questão da vida*. "A emancipação da mulher", p. 33.

6 XAVIER, Francisco Cândido. *Palavras do Infinito*. Pelo Espírito Humberto de Campos. "O feminismo em face do código transitório dos homens", p. 91.

7 ______. *Mais Luz*. Pelo Espírito Batuíra. Lição 85.

8 ______. *Mãe*. Por Espíritos diversos. "Para a mulher", p. 201.

O ponto de convergência nos textos desses autores é o reconhecimento da importância da emancipação feminina, acrescido da preocupação com as posições extremadas dos diversos grupos feministas, geradores de propostas que nem sempre estão de acordo com os verdadeiros interesses da mulher, considerando-se sua necessidade de evolução espiritual.

Alguns deles, interpretando a afirmação dos Espíritos de que devem os homens cuidar do exterior e as mulheres do interior, concluem que à mulher cabem as tarefas domésticas, o interior seria "dentro do lar", e ao homem, a obtenção de recursos, trabalhos "fora do lar". Por isso afirmam que a mulher deve dedicar-se ao papel de mãe e dona de casa exclusivamente. Acreditamos que tais interpretações originem no meio espírita um discurso de defesa da família organizada nos moldes tradicionais, com investidas contra os movimentos que defendem os direitos da mulher. Respeitamos a opinião desses companheiros, mas o Movimento Espírita não pode ser dogmático. A Doutrina propõe liberdade e conscientização, não apóia generalizações extremistas e inflexíveis.

Na leitura dos textos que propõem interpretações e desdobramentos das idéias espíritas, precisamos separar os posicionamentos que são coerentes com o pensamento dos Espíritos daqueles que representam idéias oriundas dos preconceitos daquele que interpreta. Com relação a esse ponto que focalizamos, a questão do *cuidar o homem do exterior e a mulher do interior*, lembramos inicialmente que no texto dos Espíritos não aparece a palavra *casa*, nem mesmo a palavra *lar*. A inferência daqueles autores obedece, portanto, a uma conceituação que já existia no pensamento deles em relação ao papel da mulher – é o que chamamos de preconceito: *pré-conceito*.

A primeira interpretação das mensagens ditadas pelos Espíritos foi feita pelo próprio Codificador e pode ser encontrada nos comentários incluídos após as questões de *O Livro dos Espíritos*, ou nos textos das outras obras que ele publicou e em artigos da *Revista Espírita*. Na revista de janeiro de 1866, por exemplo, Kardec afirma que:

> Com a Doutrina Espírita, a igualdade da mulher não é mais uma simples teoria especulativa; já não é uma concessão da força à fraqueza, mas um direito fundado nas próprias Leis da Natureza. Dando a conhecer essas leis, o Espiritismo abre a era da emancipação legal da mulher, como abre a da igualdade e da fraternidade.

Como o primeiro a oferecer um desdobramento do pensamento dos Espíritos, Kardec não viu na assertiva deles que a mulher deva restringir-se às tarefas domésticas, pelo contrário, seus artigos demonstram que ele apoiava as medidas adotadas por outros países em prol de uma participação mais efetiva da mulher no contexto social. Além do mais, não se limitou o professor Rivail à defesa da emancipação feminina por discursos, ele demonstrou sua postura perante a mulher de maneira concreta, criando uma escola para moças em Paris.

Na verdade, ninguém discute se a mulher deve ou não ter o mesmo acesso à cultura que os homens. Essa foi uma discussão válida anos atrás, mas hoje os espaços culturais já estão totalmente abertos à mulher. O que nos parece incoerente é apregoar a abertura das portas da cultura e da profissionalização à mulher, para depois limitar-lhe a atuação ao âmbito doméstico, sugerindo-lhe o abandono das outras atividades em que os conhecimentos adquiridos arduamente nos bancos escolares deverão produzir seus frutos em benefício da coletividade, sob o pretexto de que é sua função *cuidar do interior do lar*, mantendo-se exclusivamente a serviço do grupo familiar.

Esse posicionamento prende-se a uma interpretação dos ensinos dos Espíritos motivada pelo conjunto de conhecimentos adquiridos por aquele que assim interpreta e que se revela bastante influenciado pelas tradições culturais do nosso povo, geradoras de um modo de viver com papéis nitidamente demarcados que vigorou por muitos anos, mas que tende a alterações cada vez mais profundas nos tempos modernos.

Deolindo Amorim, comentando a interpretação desse ensino dos Espíritos, afirmou: "Não devemos interpretar o pensamento da Doutrina no sentido terra-a-terra. Nos dias presentes, pretender que a mulher seja exclusivamente dona de casa seria um despropósito".[9] Embora tenha analisado com acerto, o grande

[9] AMORIM, Deolindo. *Anuário Espírita de 1981*. "A Doutrina Espírita e os direitos da mulher".

jornalista espírita não acrescentou ao seu comentário uma interpretação possível para a assertiva dos Espíritos. Como deveremos, então, entender o *cuide o homem do exterior e a mulher do interior, cada um conforme sua aptidão* que os Espíritos ensinaram?

Proposta de nova interpretação do ensino dos Espíritos

Para oferecermos uma interpretação coerente dessa assertiva, precisamos buscar subsídios nas pesquisas da Psicologia. Carl Gustav Jung, grande psicanalista suíço, em um dos seus mais profundos *insights*, mostrou que, como geneticamente todo homem tem cromossomos e hormônios recessivos femininos, todo homem tem, por isso mesmo, um conjunto de características psicológicas femininas, que se constituem num elemento minoritário dentro dele. Da mesma forma, a mulher tem um componente masculino minoritário dentro dela. O lado feminino no homem, Jung chamou-o de *anima*, e o lado masculino na mulher, *animus*. Em linguagem espírita, podemos entender que, quando um Espírito encarna em um corpo masculino, toda sua bagagem de experiência feminina anterior passa a constituir esse elemento psicológico secundário, minoritário a que Jung chamou *anima* e, do outro lado da moeda, quando o Espírito encarna em corpo feminino, é a bagagem de experiência masculina que se torna secundária em seu psiquismo, constituindo o que Jung chamou *animus*.

Robert A. Johnson, partindo da contribuição de Jung, propõe um estudo da psicologia feminina pela análise do conto mitológico de Afrodite e Psique. Em seu trabalho, ele faz uma abordagem comparativa, mostrando aspectos bem interessantes que podem fornecer-nos material de reflexão e análise. Menciona, por exemplo, uma forma de selecionar que é própria do elemento feminino e não é bem conhecida em nossos dias, afirmando que o feminino na mulher ou a *anima* no homem precisa selecionar e retirar o material que está no inconsciente, para trazê-lo com ordenação e lógica para o consciente. Faz ainda um alerta: "Esta é, na minha opinião, a grande função feminina, freqüentemente negligenciada em nossa cultura".[10] Segundo ele, o componente masculino na personalidade, tanto masculina quanto feminina, lida com o mundo exterior, o feminino, com o interior.

Ao atingir a plenitude, a individualidade terá incorporado os valores femininos e masculinos e não estará na contingência de encarnar em corpos materiais, saberá, portanto, utilizar-se de suas potencialidades para realizar todas as funções. Enquanto isso não acontece, nós que somos Espíritos ainda em trânsito para a plenitude, precisamos de corpos físicos para realizar nosso aprendizado. Esses corpos apresentam polaridade masculina ou feminina e nosso estágio evolutivo nos impede de realizar mais ampla incursão nos conteúdos que permanecem em arquivos mais profundos de nossa

[10] JOHNSON, Robert A. *She: a chave do entendimento da psicologia feminina*, cap. XI.

individualidade. Por isso, para atingirmos potenciais criadores internos, precisamos do outro, que está na posição oposta. Se encarnamos como mulher, precisamos espelhar-nos no homem para aprender a utilizar nosso componente secundário masculino, no relacionamento com o mundo exterior. Se encarnamos como homem, precisamos espelhar-nos na mulher para aprender a usar nosso componente secundário feminino, na busca e ordenação de conteúdos inconscientes que poderão enriquecer nossa personalidade.

Pode-se afirmar que o homem e a mulher, tanto na família quanto na sociedade, completam-se. O grande desafio está em se estabelecer uma interação harmoniosa que possibilite o equilíbrio. Na intimidade do lar, por exemplo, o homem precisa garantir à mulher o apoio indispensável na fase de gestação e criação dos filhos, período em que a fragilidade feminina se acentua, ao mesmo tempo em que essa aproximação geraria uma intimidade capaz de favorecer a ele um aproveitamento maior das qualidades que o psiquismo feminino lhe proporcionaria. Essa capacidade de compartilhar bons e maus momentos acentuar-se-ia ao longo da experiência em comum, permitindo a cada um as aquisições psíquicas do pólo oposto, colocando à disposição da individualidade importante manancial de energias criadoras, não só para gerar filhos, mas também para outras realizações mais amplas no plano social.

O alerta de Robert Johnson é extremamente válido. Em nossa cultura, os movimentos feministas geraram uma tendência de exaltação dos valores masculinos, motivando as mulheres a rejeitarem as funções próprias do feminino, privilegiando um modo de ser no mundo mais pertinente ao homem que a mulher. Isso tem originado um grande desequilíbrio na sociedade moderna. É preciso recuperar os valores femininos. A mulher deverá conquistar espaços sociais, mas não imitar o comportamento do homem. Será necessário deixar emergir a sensibilidade e a intuição que são marcas fortes do modo de ser feminino. Daí nos parecer extremamente importante o conselho dos Espíritos: *cuide o homem do exterior e a mulher do interior, cada um conforme sua aptidão*, isso significa dizer: realize cada um a sua função no mundo, não subvertendo os valores da condição em que se apresentam na atual encarnação.

A MULHER PERANTE O MOVIMENTO FEMINISTA E O CONTEXTO CULTURAL

Há, por outro lado, muitas pessoas que responsabilizam os movimentos feministas pelas transformações que ocorrem hoje na família e na sociedade. Acham que tudo está acontecendo porque a mulher está rejeitando o papel que lhe cabe e está, assim, subvertendo a ordem social estabelecida, gerando esse momento caótico de desmoronamento de muitos lares, de perversão de valores, de questionamentos em torno de instituições sociais outrora aparentemente tão sólidas. A responsabilidade de tudo isso, contudo, não deve ser debitada à mulher ou aos movimentos feministas.

Não foi por causa da mulher que a família se reduziu daquele amplo núcleo que existia nas sociedades agrícolas à pequena célula familiar urbana. Não foram os movimentos feministas que construíram os imensos aglomerados em torno da indústria, nem que geraram a guerra, obrigando o deslocamento de imensos contingentes de homens para as frentes de batalha e acarretando a solicitação do trabalho feminino para suprir a carência de mão-de-obra nas fábricas. Tudo isso junto, todos esses fatores decorrentes da industrialização da sociedade, é que causou a redução da autoridade masculina dentro da família e motivou o aparecimento dos movimentos organizados em defesa dos direitos da mulher.

Os movimentos feministas, longe de serem causa, constituem-se em um dos efeitos da transição por que passa a Humanidade. Vivemos o momento que marca a agonia de um sistema de vida de um mundo de provas e expiações e o difícil parto de uma nova experiência, o nascimento de um mundo de regeneração esperado para o terceiro milênio.

Que diz a Doutrina Espírita a todos nós que vivenciamos esse momento? Principalmente, o que diz à mulher desta época? A Doutrina ensina que todos somos Espíritos reencarnados em trânsito para a perfeição. Que as diferenças de sexo são transitórias, pois Deus não criou Espíritos masculinos e femininos. Diz que os Espíritos escolhem renascer como homens ou mulheres, dependendo das provas por que necessitem passar para alcançar mais rapidamente o progresso almejado e que, para obter da presente experiência todo o proveito possível, é necessário seguir os ensinamentos de Jesus, sintetizados na máxima "amai a Deus sobre todas as coisas e ao próximo como a vós mesmos".

Esses ensinamentos serão o parâmetro que deverão subsidiar nossa análise das diversas propostas feitas à mulher, tanto pelos movimentos feministas, quanto pelo contexto social em que vivemos ou pelos companheiros de ideal espírita com quem ombreamos.

Podemos concluir, inicialmente, que a Doutrina Espírita desmonta qualquer movimento tendente a gerar uma atitude de revanche em relação ao homem, uma vez que demonstra que as mulheres de hoje, que vivenciam os limites impostos à classe feminina, podem ter, em encarnações pretéritas, funcionado como geradores desses mesmos limites, ao experimentarem a posição masculina.

A Doutrina não oferece também respaldo às propostas que promovem a participação da mulher em atividades que possam comprometer a educação dos filhos. A meta do Espiritismo é a renovação da Humanidade, pela reeducação do indivíduo. E, sem dúvida, o papel da mulher é relevante para a obtenção dessa meta, já que é ela que abriga os que retornam à vida terrena para uma nova encarnação na intimidade do seu organismo, numa interação que já exerce marcante influência sobre o indivíduo. É ela também o elemento de ligação do reencarnante com o mundo, e o relacionamento mãe/filho nos primeiros anos de vida marca o indivíduo de maneira bastante forte, como teremos oportunidade de analisar mais profundamente em outro capítulo.

Mas destacar a relevância do papel da mulher como educadora de seus filhos e mediadora dos conflitos que surgem na intimidade doméstica, pela reunião de Espíritos muitas vezes inimigos do passado, não significa afirmar que haja incompatibilidade absoluta entre essa função, enfatizada por Mentores espirituais lúcidos como Emmanuel, e o exercício de uma profissão. A experiência de inúmeras mulheres que são mães e trabalham fora de casa prova que não existe essa incompatibilidade. O êxito ou o fracasso no lar não se vincula ao fato de a mulher exercer ou não uma profissão, prende-se a inúmeros outros fatores, dentre os quais podemos apontar, predominantemente, a falta de *maturidade do senso moral*[11] e a qualidade do relacionamento interpessoal do casal, e não somente da mulher.

É preciso que o Movimento Espírita concretize no panorama social o pensamento da Doutrina Espírita. A emancipação feminina segue o progresso da civilização. Tentar reviver uma realidade passada é trabalhar contra esse progresso, é condenar o Movimento Espírita à estagnação, é repetir o erro de outros movimentos religiosos que, embora portando em seu bojo a

[11] KARDEC, Allan. *O Evangelho segundo o Espiritismo*, cap. XVII, item 4.

força renovadora do Cristianismo, pararam no tempo, presos a exterioridades, sem atingir o cerne do problema da Humanidade, que é a renovação do Espírito imortal, esteja ele nas vestes de homem ou de mulher.

Um novo estilo de vida

A mulher é um Espírito reencarnado. Aporta a essa vida, trazendo em seu arquivo milhares de experiências pretéritas. São conhecimentos e vivências que se transformam em um chamamento forte para realizações neste ou naquele setor da atividade humana. Privá-la de responder a esse chamamento interior será, mais uma vez, restringir-lhe a liberdade, considerando-a um ser incapaz de tomar decisões, de gerir sua própria vida e, sobretudo, será impedi-la de conhecer-se e de crescer espiritualmente.

É preciso criar-se um contexto em que a mulher possa exercer verdadeiramente seu livre-arbítrio. Nem a obrigatoriedade de trabalhar fora de casa para se adequar ao padrão de modernidade, nem o de se fazer surda ao seu mundo íntimo, limitando-se à função de dona de casa e mãe, como preconizam algumas vozes retrógradas, desligadas das propostas reais da Doutrina Espírita. O grande desafio que a Doutrina reitera à mulher de hoje está contido na assertiva do Evangelho, de que nós, cristãos, homens ou mulheres, devemos ser como "o fermento que leveda toda a massa". Isso significa viver conforme a nossa época, como o fermento que se torna homogêneo à massa, mas criar, no contexto social que nos abriga, as diferenças profundas a definirem o comportamento cristão, que fará a coletividade, sob as altas temperaturas do sofrimento, crescer na vivência da verdadeira fraternidade.

"Cada um permaneça diante de Deus naquilo a que foi chamado", aconselhou Paulo de Tarso. Quem sabe a que foi chamado senão a própria alma encarnada? Busque a mulher, no estudo da Doutrina Espírita, os conhecimentos que poderão ampliar seu discernimento, facultando-lhe uma escolha mais consciente e segura de seus próprios caminhos, para a realização dos propósitos a que foi chamada, ao imergir nos pesados fluidos da matéria para mais uma experiência de vida.

As que se reconhecerem chamadas ao labor doméstico, realizem seu trabalho sem inibições, sem se sentirem marginalizadas pelo contexto social, conscientes da importância da função que abraçam. As que identificarem o chamamento para a contribuição profissional, exerçam suas atividades com honestidade e retidão, usando sua sensibilidade na criação de um ambiente de amizade e respeito. As que receberem o apelo íntimo para as realizações no plano político, saibam adoçar sua atuação com as características femininas, buscando a resolução dos conflitos no diálogo equilibrado e fraterno. Aquelas que acumulem funções, porque, não obstante terem constituído um núcleo familiar, sentem forte apelo para realizações que extrapolam as paredes do lar, saibam estabelecer prioridades, não comprometendo a formação dos filhos, utilizando sua criatividade na geração de um novo estilo de vida. Batuíra diz que "a mulher é sempre mãe – não só dos próprios filhos, mas também dos grandes ideais, das abençoadas realizações da vida, dos estímulos ao progresso e, sobretudo, das boas obras".[12]

Caberá à sociedade, compreendendo a importância da presença materna na formação da mente infantil, criar leis que possibilitem à mulher assistir os próprios filhos, sem prejuízo de sua atuação profissional. Na verdade, o momento em que vivemos representa um grande apelo a homens e mulheres para que se associem na construção de uma sociedade mais humana e mais justa. Enquanto persistir esse sistema em que todos professam o Cristianismo apenas com os lábios e não com os atos, o impositivo de trabalho aos que já compreenderam o verdadeiro espírito da Doutrina Espírita – reviver o Cristianismo – é imenso. É preciso colocar mãos à obra e procurar a superação das amarras dos inúmeros condicionamentos culturais que nos impedem a absorção das verdades libertadoras, cuja atuação, de dentro para fora, renovar-nos-á, apontando a cada um de nós, homens e mulheres, caminhos cada vez mais seguros de crescimento individual e de interação harmoniosa.

Maternidade e cultura

Uma impressionante estatística feita na Alemanha Ocidental, em 1983, informa-nos que, naquele ano, morreram lá 1.000 crianças brutalizadas pelos próprios

[12] XAVIER, Francisco Cândido. *Mais Luz*, cap. 85.

pais e foram relacionadas 10.000 crianças com ferimentos sérios, também agredidas pelos seus genitores.[13] Em nosso país, não temos notícias de estudos desse tipo, mas há levantamentos realizados pela imprensa que desenham um quadro bem pior. A *Folha de São Paulo,* de 27/6/90, informa que o SOS-Criança recebeu, de 1987 a 1990, 6.056 denúncias de violências praticadas contra menores. Informa ainda o jornal que, estatisticamente, os casos denunciados correspondem a 5% ou 10% do total real. Se considerarmos que equivalem a 5%, teremos uma estimativa de, mais ou menos, 120.000 casos de agressões a crianças nos três anos citados. O que mais impressiona nos números apontados pela *Folha* é que 64% dessas agressões são praticadas por membros da família, sendo a mãe quem mais agride (47,1%). A OEA apurou que há de 25 a 30 milhões de crianças brasileiras em situação irregular; já a Comissão Parlamentar de Inquérito, designada para investigar o problema, chegou à cifra de 32 milhões de crianças nessa situação.[14]

Diante de números tão estarrecedores, a primeira coisa que nos vem ao pensamento é a pergunta acerca dos fatores que podem ter gerado tal problema. Para responder a essa pergunta, todavia, teríamos que buscar estudos sociológicos incompatíveis com as dimensões que pretendemos dar às nossas reflexões, mas não há dúvida de que o quadro nos leva a refletir sobre a

13 GAIARSA, José Ângelo. *A família de que se fala e a família de que se sofre*, cap. I.
14 Revista *População e Desenvolvimento*, nº 139, maio/junho, 1986.

falência da família como instituição social que primeiramente se incumbe de acolher e orientar os Espíritos recém-chegados ao mundo.

Quando mencionamos a família, estamos falando do homem e da mulher que se consorciam, seja pelo casamento ou não, para uma vida em comum e, conseqüentemente, geram filhos. Em outra oportunidade, analisaremos as questões ligadas ao inter-relacionamento familiar, porque, neste momento, queremos focalizar a mulher, no papel de mãe, refletindo sobre o que pode levá-la a agredir seu próprio filho e sobre as informações da Doutrina Espírita que poderão torná-la mais consciente da importância de sua função e, por conseguinte, gerar a motivação para modificar seu inter-relacionamento com aqueles que a Providência Divina colocou sob sua tutela.

Dizem os Espíritos que o amor materno é um sentimento instintivo e uma virtude. Como função do instinto, existe também no reino animal, mas aí se circunscreve às necessidades materiais. Isso significa que, quando o animal se torna apto a prover a própria subsistência, a mãe já não se ocupa dele, seu papel já foi cumprido. Entre os seres humanos, contudo, não há apenas a função do instinto, os laços que unem mãe e filho são mais fortes, duram uma vida inteira e sobrevivem ao fenômeno da morte. Quando nasce na mulher o sentimento de abnegação e devotamento em relação àqueles que a vida lhe situou como filhos consangüíneos, essa energia psíquica, inicialmente instintiva, atinge o grau de virtude e é o bem mais precioso que alguém pode obter na situação de recém-encarnado, porque representará importante passo na sua aprendizagem do amor, que é a meta da encarnação.[15]

Nem sempre o sentimento instintivo é capaz de levar a mulher a desenvolver o sentimento de amor. Há mães que odeiam os próprios filhos. A causa dessa distorção é a inferioridade desse Espírito que encarnou como mulher.[16] Naturalmente que aquele que encarna como filho, nessa situação, estará vivendo uma prova necessária ao seu crescimento espiritual, prova definida pelo conjunto de suas próprias atitudes em experiências passadas. "Os laços do sangue não criam forçosamente os liames entre os Espíritos."[17]

Entre as duas situações extremas: uma com base no devotamento e na abnegação e a outra no sentimento de ódio, na relação mãe e filho, há uma gradação de emoções e sentimentos que se mesclam, oriundos do mundo interior de cada individualidade e seria muito difícil caracterizar todas as inter-relações possíveis. Nossa cultura, entretanto, simplifica exageradamente a questão, criando um estereótipo do amor materno que contamina a vivência afetiva e dificulta a busca do autoconhecimento, gerando, conseqüentemente, um obstáculo adicional à nossa reeducação. Diante das vicissitudes que a vida reserva às mulheres, na função de

15 KARDEC, Allan. *O Livro dos Espíritos*, questão 890.

16 Id., ibid., questão 891.

17 Idem. *O Evangelho segundo o Espiritismo*, cap. XIV, item 8.

mães, como recursos de crescimento, visando à sua evolução como Espíritos imortais, em lugar de refletir e ampliar sua concepção da vida, prendem-se elas a atitudes predeterminadas socialmente, quanto ao papel que lhes cabe desempenhar, perdendo preciosas oportunidades.

O estereótipo de mãe criado pela nossa cultura determina que a mãe tem que se sacrificar, tem que renunciar para sempre a qualquer felicidade, tem que negar as próprias emoções e sentimentos: "uma mãe não sente o que sente, ela sente o que deve sentir".[18] Dentro desse contexto, dificilmente a mãe conseguirá ver no filho a individualidade que ele é, ela o vê como a cultura determina que deva ser o filho. Esse estereótipo de mãe é forjado sobre a idéia de que a mãe seja a encarnação de um ser superior, capaz de sacrifícios e renúncias sem guardar, em contrapartida, o sabor amargo da frustração. Essa não é a realidade dos Espíritos de condições medianas de evolução que compõem a maioria dos que encarnam na Terra, muito menos a realidade dos Espíritos inferiores que habitam nosso planeta, ainda mundo de expiações e provas. No plano social, isso se torna muito mais complicado, porque as pessoas não têm uma visão reencarnacionista.

Imaginemos a situação de Espíritos adversários do passado, situados na posição de mãe e filho(a) nesta encarnação. Como cada um irá explicar para si mesmo as contradições de seus próprios sentimentos? Ao mes-

---

18 GAIARSA, José Ângelo. Op. cit, cap. I.

mo tempo em que experimentam a força do instinto que os aproxima e têm na mensagem cultural as determinações padronizadas de amor materno e filial, sentem, não obstante, profunda animosidade um em relação ao outro. À força de atender às determinações culturais, ocultam de si mesmos tais sentimentos.

No caso da mãe, quando se torna incapaz de conter a explosão de agressividade motivada, em parte, por esse sentimento interior, ela acaba projetando no filho a culpa do seu desequilíbrio: *Está vendo o que você me faz fazer? Você é mau, não presta, faz tudo errado; eu tenho que educá-lo, mesmo que seja com surras...* A criança, porque não tem ainda elementos de raciocínio suficientes para entender o que de fato ocorre, pode internalizar um sentimento de culpa ou de revolta, ambos prejudiciais ao seu crescimento, pois contaminarão as suas futuras relações afetivas. O fato de ocultar a emoção negativa não significa que ela deixe de exercer os seus efeitos, tanto no plano orgânico como no plano da interação familiar.

Amor materno – efeito alimentador

Jung, mencionando casos de perturbações psíquicas em crianças, destaca em um grupo os filhos adotivos que não se sentiram envolvidos pelo ambiente psíquico de afeto. "Estas crianças padecem realmente de uma ausência quase orgânica de alguma coisa, de que toda criança precisa necessariamente para viver, isto é, da atenção dos pais, sobretudo da mãe, que exerce um efeito psíquico *alimentador*." (O destaque é do próprio autor.)[19] E o que vale a pena destacar mesmo na citação de Jung é esse *efeito psíquico alimentador*.

Com as informações que a Doutrina Espírita propicia, é fácil entender que, depois do período passado no útero, em que a mãe alimenta o filho com seu próprio sangue, siga-se um período em que a criança permaneça ligada psiquicamente a ela, alimentando-se de sua psicosfera. Ainda antes da fecundação do óvulo, o perispírito do reencarnante é ligado ao perispírito da mãe.[20] Quando se dá o nascimento, rompe-se o cordão umbilical físico, mas não o psíquico. Daí a propriedade da observação de Jung, apontando os efeitos danosos da carência da afeição materna. Essa carência de afeição prejudica o fluxo de energia que parte da mãe e envolve o filho nos seus primeiros tempos de vida na Terra, período em que esse fluxo é absolutamente essencial para o desenvolvimento do ser.

No caso da criança adotada, não há a ligação psíquica anterior, uma vez que ela não foi gerada pela mãe que a adotou, mas a aceitação, o afeto dessa mulher que se dispõe a assumir a maternidade, propicia a ligação psíquica necessária. Essa questão da inter-relação psíquica entre mãe e filho fica ainda mais evidente na seguinte assertiva colhida na mesma obra do eminente psicanalista suíço:

---

19 JUNG, Carl Gustav. *O desenvolvimento da personalidade*, p. 76 e 77.

20 XAVIER, Francisco Cândido. *Missionários da luz*. Pelo Espírito André Luiz. Cap. 13, "Reencarnação".

> Do mesmo modo que a criança, durante a fase embrionária quase não passa de uma parte do corpo materno, do qual depende completamente, assim também de modo semelhante a psique da primeira infância, até certo ponto, é apenas parte da psique materna e, logo depois, também da psique paterna, em conseqüência da atuação comum dos pais. Daí provém o fato de que as perturbações nervosas e psíquicas infantis, até muito além da idade escolar, por assim dizer, se devem exclusivamente a perturbações na esfera psíquica dos pais.

Um detalhado estudo realizado nos Estados Unidos mostra ainda de maneira mais contundente a necessidade imperiosa de *alimentação psíquica* no começo da vida. Um grupo de 24 crianças órfãs foi dividido em dois subgrupos de 12. O primeiro grupo de 12 permaneceu no orfanato, recebendo os cuidados convencionais; o outro grupo recebeu, além dos cuidados de alimentação e higiene, a possibilidade de sair diariamente do orfanato para receber cuidados e atenções de uma adolescente. Após vinte anos de estudos, descobriu-se que as crianças do primeiro grupo morreram, ou se tornaram retardadas ou doentes mentais; enquanto que as do segundo grupo sobreviveram, tornaram-se auto-suficientes, concluíram seus estudos e conseguiram estabelecer boas relações de afeto, pois se casaram, e apenas uma delas havia se divorciado.[21]

Esse estudo evidencia também um outro aspecto: a *alimentação psíquica* pode efetuar-se pela interação com outras pessoas, não só com a mãe, basta que se

21 BUSCAGLIA, Léo. *Amor*, p. 64.

estabeleça uma ligação afetuosa que permita a passagem das energias perispirituais. Precisamos enfatizar, todavia, que, para a criança, a ligação com aquela que lhe deu o ser e que a abrigou em seu próprio corpo representa a alimentação afetiva mais preciosa e sua ausência significa sempre uma situação de prova que o Espírito, ao reencarnar, precisará vencer.

Cabe à mãe, nos primeiros anos de vida da criança, alimentá-la não só física como psiquicamente. Crescendo sob os influxos das energias amorosas, a criança desenvolve também a afetividade que gera a alegria de viver e, somente dessa experiência, poderá surgir para ela a vivência do amor, não o amor na definição do mundo, mas o sentimento profundo de identificação com as energias criadoras do Universo. A ausência dessa experiência na infância resultará em obstáculo que precisará ser vencido mais tarde, ao longo da encarnação. E a superação desse obstáculo dependerá do grau evolutivo desse Espírito, das interações afetivas que puder estabelecer posteriormente e também da sua vivência religiosa. Quase sempre as dificuldades se avultam, pois nossa cultura não privilegia um processo educacional que se enderece ao desenvolvimento integral do indivíduo, não se preocupa em orientar seus membros para uma concepção profunda de amor, e as religiões convencionais não têm conseguido atender aos anseios de transcendência das criaturas.

A criança tem tanta necessidade desse *alimento psíquico* que fará instintivamente qualquer coisa para obtê-lo. Poderá submeter-se passivamente a situações de humilhação impostas pelos pais; poderá reagir com agressividade e rebeldia, assumindo comportamentos inadequados para chamar a atenção; poderá até mesmo adoecer, se isso significar ganho de carinho e afeto.

Podemos, então, compreender a importância da conscientização da mulher quanto à responsabilidade que representa a maternidade. Deus lhe confia a tutela de um Espírito. Da inter-relação que se estabelece entre ela e essa individualidade que retorna à vida, desde a primeira ligação, ainda antes do nascimento, depende, em grande parte, o futuro desse Espírito, seu êxito ou seu fracasso no projeto reencarnatório.

Dificuldades e realizações da mulher no papel de mãe

Com a emancipação feminina, passaram as mulheres a assumir novas obrigações. Não houve, ao mesmo tempo, o preparo do homem para vivenciar essa nova situação, e a mulher, por conseguinte, sobrecarregou-se com atividades dentro e fora do lar. Seu esforço não tem alcançado um retorno significativo de reconhecimento ou apreciação dentro da família e as frustrações se acumulam, gerando a amargura e a desilusão que passam a fazer parte de sua economia psíquica em dose muito maior. Os que mais sofrem os reflexos desses sentimentos femininos são obviamente os filhos, criaturas colocadas pela vida em situação de grande dependência das energias que a mãe lhes possa fornecer, como demonstramos no capítulo anterior.

O grande problema atual não é, como querem alguns, a ausência da mulher no lar, por causa do desejo de realização profissional ou pela necessidade de ganhar o pão de cada dia. Na verdade, o ponto crítico está exatamente na qualidade da relação mãe/filho(s). Não é a quantidade do tempo de proximidade que vai determinar a qualidade dessa ligação psíquica e, conseqüentemente, a propriedade da interação energética imprescindível ao desenvolvimento da criança. A qualidade dessa relação vai depender do grau de conscientização da mãe, uma vez que ela é a individualidade a deter, na situação de encarnada, maior domínio sobre seus recursos psíquicos.

Não é que a mulher tenha que ser um Espírito perfeito para ser uma boa mãe, o que será necessário é que ela procure conhecer-se, avaliar as próprias emoções, entender as raízes de sua insatisfação, de sua raiva, enfim, das emoções negativas que ainda fazem parte de seu psiquismo, por ser um Espírito em evolução, e não tente ocultar essas emoções, colocando máscaras culturais.

A soma dos fatores já apontados, isto é: o grau evolutivo do Espírito que encarna como mulher e se torna mãe, os sentimentos adversos que podem existir em sua memória profunda em relação àquele que encarna como seu filho(a), as frustrações decorrentes da própria luta pela vida e as desilusões afetivas podem resultar numa psicosfera densa, contaminada de vibrações que atraem Espíritos também infelizes e agressivos, cujas energias mais concorrem para gerar os impulsos de violência causadores dos fatos deprimentes noticiados pelos jornais ou relacionados pelos estudos estatísticos já citados.

Allan Kardec, no capítulo em que estuda a narrativa bíblica de Adão e Eva, afirmou que a mitologia pagã é um vasto quadro alegórico das diversas faces boas ou más da Humanidade. Destacou a importância de se fazer uma leitura mais adequada dessas narrativas, pois a interpretação correta dos mitos e das fábulas pode propiciar-nos "um curso completo da mais alta filosofia".[22] Jung percebeu também essa fonte de conhecimentos que são as lendas e os mitos antigos e ofereceu vasto material reflexivo acerca disso e foi exatamente a partir da sua contribuição, no campo da Psicologia analítica, que os mitos e as fábulas deixaram de ser simplesmente histórias para crianças e passaram a representar ricas fontes de *insights* psicológicos, porque retratam a condição humana com precisão indelével. Por isso, psicólogos modernos têm buscado interpretar os símbolos criados pelas culturas antigas, principalmente os que se encontram na mitologia grega. Importante é perceber o que isso nos pode ensinar.

A figura da bruxa das histórias infantis, por exemplo, segundo alguns autores, é a representação simbólica da mãe. A primeira leitura dessa informação pode

22 KARDEC, Allan. *A Gênese*, cap. XII, item 15.

provocar indignação, mas se a mulher conseguir vencer as barreiras das idéias preconcebidas, vai perceber que há fundamento para aceitar a advertência.

Tomando os argumentos que fundamentam essa proposição, consideremos a figura da bruxa das histórias infantis: ela é uma mulher cuja aparência repugna pela fealdade, não só física, mas moralmente; tem uma aparência de relaxamento, é extremamente negativista. A *Madame Min,* das histórias de Walt Disney, chega a ser retratada com uma pequena nuvem escura sobre a cabeça, exatamente para destacar esse negativismo. A bruxa é má e agressiva, pode aparecer e desaparecer subitamente, sem que possamos saber de onde vem e onde se oculta. Sua presença, ou simplesmente o conhecimento de sua existência, pode suscitar muita ansiedade e medo à personagem. É muito sugestivo que seu meio de transporte seja exatamente a vassoura.

Quantas vezes esse retrato é correspondente à mulher no papel de mãe? A mãe que se desgasta nas intermináveis tarefas domésticas, sem tempo para cuidar do próprio corpo, da sua aparência e, sob o peso do trabalho, torna-se figura desagradável a cobrar a colaboração dos familiares, principalmente dos filhos, com ameaças de castigos e surras. A mãe que se enfurece, porque o filho quebrou um objeto qualquer. A mãe que constantemente utiliza a palavra para desestimular ou ameaçar:

Não sei para que tanto esforço, isso não vai dar certo...

Você não conseguirá a aprovação, você não tem capacidade...

Tenho a certeza de que amanhã será bem pior...

Você está chorando? Mas espere até seu pai chegar para ver o que ele fará quando souber da sua atitude...

Desce daí, menino, você vai cair...

Se você ficar doente, porque está brincando com água fria (ou tomando sorvete), não vou cuidar de você...

Ou a mãe que ostenta a aparência de vítima e chantageia:

Não sei o que eu fiz para merecer tanto sofrimento...

Veja tudo o que faço por você e é assim que me paga?...

A criança, diante desses momentos da mãe ou pelo simples fato de saber que eles podem ocorrer, sente ansiedade, medo, culpa, uma série de emoções desequilibrantes... Por isso a bruxa aparece e desaparece, ela está em algum ponto dentro da mulher, é o seu lado sombrio, mas a criança não sabe exatamente as causas do seu aparecimento ou desaparecimento, então vive em estado de alerta psíquico, caminhando sobre a corda bamba. É porque as crianças experimentam de fato esses sentimentos, que as histórias têm tanto encantamento para elas. De alguma forma, a história ensina como lidar com essa dificuldade e minimiza a ansiedade, quando, ao final, mostra a vitória da personagem e a destruição da bruxa.

Mas, se incomoda saber que as bruxas simbolizam a mãe, não se pode deixar de perceber que há uma outra figura nas histórias infantis que também nasceu da mãe: *a fada*. Quem é a fada? Uma mulher bonita, física e moralmente. Ela é leve, suave, meiga, doce. Sua presença sempre traz aquilo que pode resolver o problema da personagem, por isso sua presença, ou o simples conhecimento de sua existência, torna a personagem confiante, capaz de alcançar a vitória sobre o mal que a persegue. É interessante observar que a fada, embora tenha uma varinha de condão, não substitui a personagem na luta que é necessária, ela fornece recursos para que a personagem consiga enfrentar e vencer. As fadas quebram os encantamentos e transmudam os sapos em príncipes ou fazem encantamentos e transformam em vestes principescas os andrajos das cinderelas.

Esse também é um retrato da mãe. A mãe que consegue, mesmo diante das dificuldades do dia-a-dia, ter uma cota de afeição para doar, dizer palavras de incentivo e apoio, ouvir com atenção o filho, dialogar sobre as dificuldades dele, reconhecer os próprios erros quando os comete, sentir alegria na interação familiar. Quando a mulher consegue criar uma psicosfera positiva para fornecer ao filho a *alimentação psíquica* de que ele precisa, ela estará fornecendo os recursos de que ele necessitará para vencer a batalha do seu projeto encarnatório. A mãe/fada consegue transformar os

Espíritos, tira-os da indigência de sua inferioridade moral, transformando-os em príncipes e princesas.

Quando se fala em maternidade consciente, importa entender que há dentro da mulher um lado bruxa e um lado fada, e, a partir daí, cada mãe deve analisar qual desses dois lados está predominando em sua relação com seu filho. Para alcançar essa conscientização, há muita coisa que a mulher precisa mudar. É preciso remover as contradições, apagar os sentimentos destrutivos. Essa transformação pode inicialmente parecer um processo longo, mas na verdade isso não depende de tempo.

A Doutrina Espírita nos mostra que tempo e espaço são limites pertinentes à realidade física, o Espírito não precisa se prender a eles. Quando mencionamos o tempo como recurso imprescindível a uma transformação que depende, na verdade, de força de vontade e determinação, estamos adiando o processo e demonstrando que, no fundo, há o desejo de permanecer como estamos. O tempo é necessário para adquirir conhecimentos e informações, não para operar uma transformação psicológica.

Os Espíritos informam que a tarefa dos pais junto aos filhos pode ser considerada uma missão.[23] Se assimilarmos bem esse ensino, encontraremos a motivação para nos empenharmos mais. É pelo processo de educação que os Espíritos encarnados poderão transformar-se, transformando conseguintemente a sociedade.

---

[23] KARDEC, Allan. *O Livro dos Espíritos*, questão 892.

O mundo melhor em que ansiamos viver precisa ser construído por nós mesmos, no esforço sempre presente de elevar-nos e se, nesse imenso campo de trabalho, as forças nos faltarem, poderemos recorrer às fontes inesgotáveis das energias divinas pela oração.

A sociedade contemporânea necessita de uma alavanca que a tire do lodaçal em que se encontra. O Cristianismo tal como Jesus pregou pode ser essa alavanca. É do coração renovado à luz do Evangelho que surgirá o lar convertido em educandário de almas. Precisamos ver na maternidade o chamamento para colaborar com Jesus em seu propósito de evangelizar o mundo. É válido aqui lembrar o conselho do Irmão X: "Não basta confiar em Jesus; é necessário que Jesus também possa confiar em nós".[24]

Analisamos as questões pertinentes à mulher, agora observemos o outro lado da inter-relação afetiva que estamos estudando ao focalizar mãe e filho, concentremo-nos na criança.

---

[24] XAVIER, Francisco Cândido. *Idéias e ilustrações*, cap. 35.

Infância – Tempo de semear

"O menino pousa a testa
e sonha dentro da noite quieta
da lâmpada apagada
com o mundo maravilhoso
que ele tirou do nada..."

JORGE DE LIMA

O MUNDO INFANTIL

A criança tem sempre uma inesgotável curiosidade acerca de tudo e mantém invariavelmente olhos e ouvidos abertos para novas aprendizagens. O adulto, ao contrário, geralmente se aferra às idéias que compõem seu contexto mental e dificultam seu processo de crescimento interior. Precisamos aprender com a criança a nos tornarmos mais flexíveis e abertos às coisas novas. A evolução pressupõe mudança, principalmente mudança de idéias. Se queremos favorecer o nosso próprio processo de crescimento espiritual, precisamos estar dispostos a investir energias para sair da nossa inércia mental. Assimilar novas idéias significa enriquecer nossa maneira de enxergar o mundo e ampliar nosso discernimento, para fazer novas e diferentes escolhas e apresentar um comportamento renovado.

É própria da criança também a capacidade idealizadora do mundo e da vida. Mesmo em situações bastante adversas, a criança é capaz de experimentar a alegria descontraída da brincadeira, a não ser que o adulto a impeça, o que infelizmente acontece muito freqüentemente. O adulto percebe a brincadeira infantil como uma coisa inútil, uma perda completa de tempo e geralmente interfere, determinando para a criança outras ocupações e tarefas consideradas mais sérias. Há, em nossa literatura, um texto poético que nos traz sérias reflexões sobre o que estamos falando neste capítulo, é o soneto "Barcos de papel" de Guilherme de Almeida:

> Quando a chuva cessava e um vento fino
> franzia a tarde tímida e lavada,
> eu saía a brincar pela calçada
> nos meus tempos felizes de menino.
>
> Fazia de papel toda uma armada
> e, estendendo o meu braço pequenino,
> eu lançava os barquinhos sem destino,
> ao longo da sarjeta, na enxurrada.
>
> Fiquei moço e hoje sei, pensando neles,
> que não são barcos de ouro meus ideais.
> São feitos de papel, são como aqueles
>
> perfeitamente, exatamente iguais
> que os meus barquinhos, lá se foram eles,
> foram-se embora e não voltaram mais...

Observemos que o texto retrata um fato real: a criança não precisa de brinquedos sofisticados para criar a fantasia. Nesse texto, ela usa papel velho e fabrica barcos, lançando-os na correnteza que se forma na rua, após a chuva. Com esses recursos simples, cria em seu mundo interior aventuras incríveis, em que ela mesma representará papéis heróicos e maravilhosos. Mas essa capacidade de idealização se perde posteriormente. Afirma o "eu-poético" que, quando cresce (fiquei moço), seus ideais, de coisa valiosa que eram (de ouro), perdem totalmente o valor (são feitos de papel), vão-se embora e não voltam mais, exatamente como os barcos de papel de seus tempos de menino.

As coisas simples, na infância, ganham um colorido maravilhoso, e a mente, envolta no mundo mágico da fantasia, consegue enxergar a vida com alegria, criando uma psicosfera propícia ao desenvolvimento dos sentimentos nobres e belos. Na fase adulta, essa capacidade se perde e, mesmo aquilo que deveria ter para nós grande valor, como os nossos ideais, por exemplo, de repente, perde sua força motivadora e nossos dias se transformam em uma seqüência de *mesmices* cansativas.

Quando esse quadro se configura de modo mais acentuado, não conseguimos projetar mentalmente metas positivas, nossa psicosfera torna-se densa e atraímos individualidades invisíveis que mantêm também esse desconsolo e essa apatia. A partir daí, entramos em um círculo vicioso pesado, difícil de se reverter, sem um empenho bastante enérgico da vontade. Precisamos reaprender a usar nossa capacidade imaginativa, para ver com olhos bons a realidade que nos cerca. A criança pode nos ensinar isso.

Nova leitura do modelo proposto por Jesus

Interessante momento da vida de Jesus é aquele em que ele repreende os discípulos por afastarem dele as crianças com a seguinte frase: "*Deixai vir a mim as criancinhas e não as impeçais, porquanto o Reino dos Céus é para os que se lhes assemelham*". Durante muitos séculos, a leitura dessa assertiva se fez de modo inadequado, como se Jesus houvesse afirmado que o Reino dos Céus *pertencesse* apenas às crianças. Allan Kardec, atento às falhas das diversas traduções feitas dos ensinos de Jesus e com base na revelação dos Espíritos, faculta-nos o acesso à idéia mais coerente de que Jesus tenha usado a criança como modelo de uma atitude que, se assimilada pelo adulto, pode facultar-lhe o *céu*, isto é, *o alcance da plenitude de ser*.

Quais teriam sido as características apresentadas pela criança que a tornaram modelo desejável aos olhos do Mestre? O Codificador, em *O Evangelho segundo o Espiritismo*,[25] ao analisar a passagem citada, informa que Jesus nos mostra a criança como imagem da inocência, da candura, da simplicidade e da pureza – qualidades que, sem dúvida, precisaremos adquirir para alcançar a plenitude. Ampliando a leitura dessa passagem, quero apontar ainda na criança as duas características comentadas no texto anterior, porque elas são exatamente os prerrequisitos para que se obtenha a

[25] KARDEC, Allan. *O Evangelho segundo o Espiritismo*. Cap. VIII, itens 18 e 19.

pureza mencionada: *a capacidade de assimilar conhecimentos* e *a de idealizar um mundo melhor.*

A interpretação da criança como modelo de pureza, conforme nos aponta o Codificador, é extremamente compatível com o discurso de Jesus, mas a inferência de que a criança representa modelo dessa pureza pela ausência de impulsos sexuais já demonstra uma extrapolação inadequada. Kardec menciona a pureza no sentido de ausência de viciação e malícia e observa sabiamente que, embora a criança possa ser a encarnação de um Espírito ainda vicioso e distante dessa meta, a fase infantil obsta à manifestação mais evidente da perversidade, permitindo à criança a aparência da candura, para suscitar a ternura dos pais e gerar nestes a disposição de dispensar a ela os cuidados especiais de que carece.

Essa interpretação da criança como modelo de pureza, no sentido de não apresentar impulsos sexuais, não resiste a uma análise mais detalhada. Freud, com o método psicanalítico, descobriu a sexualidade infantil e afirmou que a criança é, por natureza, "um perverso polimorfo", é movida pelo primitivo princípio do prazer, que a induz a tentar satisfazer seus desejos. Embora Jung não concorde integralmente com Freud, é bastante explícito ao afirmar que "o interesse sexual desempenha um papel causal no processo da formação do pensamento infantil". Afirma que a posição contrária a essa proposição esbarra em um número muito grande de fatos bem observados que a comprovam e acrescenta que "seria extremamente inverossímel dar-se o fato de um instinto, tão importante na psicologia humana, não começar a manifestar-se já na alma infantil, ainda que de forma rudimentar".[26]

Parece-me que a capacidade de aprender e a de idealizar, muito mais do que a ausência de impulsos sexuais, como querem alguns, é que tornaram a criança, aos olhos de Jesus, um modelo ideal para nos ensinar a abrir as portas do crescimento individual. A intenção de Jesus, ao apresentar-nos a criança por modelo, não era, portanto, recomendar a abstinência sexual como roteiro para o Céu. Era, na verdade, mostrar-nos como cultivar um estado mental compatível com a aprendizagem do amor. Sua doutrina se apóia integralmente no imperativo da fraternidade e, logicamente, o caminho a ser ensinado, então, teria de ser o que nos conduzisse ao encontro da nossa própria capacidade de amar, e isso precisa ser vivenciado em profundidade, é algo que precisamos aprender e não o conseguiremos, se mantivermos atitude inflexível e dogmática perante a vida.

A AÇÃO DO ADULTO SOBRE A CRIANÇA

O soneto "Barcos de papel", já transcrito, nos traz também a reflexão sobre o que determinaria essa diferença de atitude mental entre a criança e o adulto. O que faz de uma individualidade, aberta para a aprendizagem e capaz de idealizações e fantasias, uma outra

---

26 JUNG, Carl Gustav. *O desenvolvimento da personalidade*, p. 6 e 7.

criatura, dogmática, presa a amarras mentais e incapaz de criar interiormente um clima aberto às mentalizações positivas? Não temos dúvida em afirmar que isso é efeito do processo educacional. No ato de educar, o adulto impõe sua vontade, exercendo freqüentemente o autoritarismo, restringindo a espontaneidade da criança, que, do nascimento aos sete anos, é especialmente suscetível de receber a influência dos adultos responsáveis por ela, por isso é tão importante analisarmos as bases filosóficas do processo educacional que se vem desenvolvendo em nossa cultura, seja na família, seja na escola.

Não há uma ação educacional neutra. Quando agimos sobre outra individualidade, para educá-la, estamos agindo em uma de duas direções que se opõem: ou consideramos o educando uma individualidade que possui potencialidades a serem desenvolvidas e oferecemos-lhe estímulos para manifestar sua espontaneidade, sua criatividade e seu espírito crítico; ou percebemos a criança como um ser que deve ser domesticado e reprimimos sua espontaneidade, desvalorizamos sua criatividade e impedimos a manifestação de seu espírito crítico.

Embora a princípio pareça evidente que a primeira posição deva ser a escolhida, principalmente porque é ela que observamos mais presente nos discursos sobre educação, temos que admitir, à luz da experiência, que é a outra que se evidencia na prática. O que se busca é condicionar a criança ao que se considera melhor para ela, utilizando castigos e prêmios, adulação e chantagem afetiva, exatamente como se faz com um animal que se quer domesticar: se ele faz o que determinamos, ganha um torrão de açúcar; se não faz, ganha uma chibatada.

A criança, individualidade extremamente dependente dos pais, enfrenta um dilema psicológico, cuja solução permanece fora do seu alcance: se faz o que os pais determinam, enfraquece-se e se desorganiza psicologicamente, acabando por perder a confiança em si mesma; se enfrenta os pais, para atender ao seu mundo interior, suscita o antagonismo de quem detém poderes sobre ela, podendo ser dominada, a partir daí, por um sentimento de rejeição ou de culpa, dependendo da atitude dos pais.

O primeiro passo para a solução desse dilema é a conscientização do problema, que não pode partir da criança por ainda não possuir ela a capacidade de pensar abstratamente, logo, isso tem, necessariamente, que partir dos pais. Como poderão os pais realizar isso? Em outras palavras, de que maneira deverão educar? Não há possibilidade de se traçar um plano global e detalhado para a educação de uma criança, principalmente porque não há uma maneira única de agir. Seguir receitas prontas é eliminar a espontaneidade, esvaziando a relação com o educando. Na ação de educar, os pais precisarão estar constantemente atentos, para avaliar sua própria atuação e usar muito a sua sensibilidade, para perceber o que pode estar ocorrendo no íntimo da criança e compreender o que a motiva.

Jung criou uma metáfora que pode interessar-nos bastante neste momento:

> O inconsciente é como a terra do jardim, da qual brota a consciência. A consciência se desenvolve a partir de certos começos, e não surge logo como algo de completo e acabado. É na criança que se dá esse desenvolvimento da consciência.[27]

A Doutrina Espírita nos ajuda a compreender de maneira admirável essa metáfora. A criança é um Espírito reencarnado, possui uma extensa bagagem de conhecimentos e experiências e, além disso, sua ligação com os pais antecede o seu nascimento. Há histórias já vividas, boas ou más, gerando causas para sentimentos e emoções do presente. Todo esse arquivo está na memória perispiritual, no inconsciente, que, na linguagem poética de Jung, é a terra do jardim, onde brotará a consciência. É fácil perceber como funciona essa figura de linguagem: assim como a terra fornece recursos para que uma planta possa brotar, o inconsciente fornecerá o material básico para a formação da personalidade.

Ampliando a análise dessa figura, percebemos que uma planta não dependerá somente do terreno para ser bonita e saudável, precisará da mão do jardineiro também. Ainda podemos usar mais essa imagem, aprofundando nossa compreensão, quando observamos que o terreno poderá ser fértil, semi-árido ou totalmente árido, simbolizando aí o grau evolutivo do Es-

[27] JUNG, Carl Gustav. Op. cit., p. 55.

pírito reencarnado, que pode ser um Espírito evoluído, de condições medianas, ou ainda inferior. O trabalho do jardineiro, portanto, deverá incluir o conhecimento do terreno e a noção de como realizar um eficiente trabalho de adubação, se ele estiver em condições precárias. E é nesse ponto que a Doutrina Espírita pode ajudar, ensinando-nos o caminho do autoconhecimento, único capaz de nos levar ao conhecimento do outro, facultando-nos o encontro da maneira mais adequada de agir no processo difícil de educar.

É preciso então que saibamos buscar na Doutrina as bases filosóficas de que necessitamos. Isso não se encontra pronto, os Espíritos ditaram a Kardec textos em resposta às perguntas que ele inteligentemente elaborou e coordenou; a partir daí, o Codificador estabeleceu os princípios básicos da filosofia espírita, aduzindo numerosos comentários aos textos obtidos por vários médiuns. Nós deveremos deduzir, por um trabalho nosso, desse conjunto de informações, aquelas que poderão constituir a base filosófica para o processo educacional. Naturalmente que, nesse esforço, podemos contar já com a ajuda inestimável de companheiros que se dedicaram a essa tarefa, como o prof. Herculano Pires[28] e, mais recentemente, o prof. Ney Lobo.[29]

Para que possamos encontrar a motivação para essa busca, contudo, temos que nos conscientizar de que o amor é um fenômeno que se aprende e de que o

---

28 PIRES, Herculano. *Educação Espírita.*

29 LOBO, Ney. *Filosofia espírita da educação.*

homem pode ser educado para descobrir dentro de si mesmo seu potencial de afetividade. "Cada pessoa tem o potencial para o amor. Mas o potencial nunca é percebido sem esforço."[30] O modelo já foi dado por Jesus, precisaremos aprender com a criança a libertar a criança que guardamos dentro de nós mesmos. Estaremos nós dispostos ao empreendimento?

Bases filosóficas da educação em nossa cultura

Embora não seja possível dar receitas de educação ou traçar um plano detalhado para isso, há algumas informações muito úteis aos pais. O progresso das ciências originou, em nossa época, um sentimento acentuado de dependência. Freqüentemente, recorremos a profissionais de diversas áreas, em busca de auxílio para a resolução das nossas dificuldades. Em relação à educação dos filhos, isso também acontece. Não queremos desmerecer a atuação dos especialistas, mas precisamos denunciar a insegurança que nos faz, muitas vezes, descrer da nossa própria capacidade. É comum não atentarmos para a nossa sensibilidade, desmerecermos nossa intuição e desenvolvermos confiança cega em conselhos e orientações alheios, sem usar um pouco o pensamento crítico para avaliar a base filosófica sobre a qual estão apoiados esses conselhos e essas orientações.

30 BUSCAGLIA, Léo. *Amor*, p. 60.

No campo da psicologia humana, a concepção de que tudo é possível, desde que sejam aplicados os métodos científicos corretos, encontrou sua expressão mais forte nos princípios do behaviorismo, que propõe a visão da criança recém-nascida como uma página em branco em que se podem imprimir os traços que queiramos. Sustenta essa teoria que a vida de uma criança é um começo inteiramente novo, para o qual todo tipo de desenvolvimento futuro é uma possibilidade real, e que um preparo mais cuidadoso e deliberado é necessário para se obterem os fins desejados.

Buscando uma visão mais crítica dessa proposta, é preciso considerar que ela partiu dos estudos dos reflexos condicionados, elaborados por Pavlov e Skinner. Esses estudos foram feitos com animais, que eram treinados em laboratórios e se tornavam, em decorrência desse treinamento, aptos a responder aos estímulos, não conforme determina a natureza, mas de acordo com os condicionamentos artificialmente criados e, por isso mesmo, passaram a ser incapazes de sobreviver por conta própria em seus *habitats.* Se isso acontecesse a um ser humano, isto é, se o homem fosse treinado de tal maneira que só respondesse a estímulos programados, e se tornasse incapaz de reagir por conta própria às diversas situações da vida, diríamos que ele está desajustado ou neurótico. Apesar dessa evidência forte, contrária à sua tese, o behaviorismo tornou-se a escola psicológica dominante nos Estados Unidos há alguns anos e continua sendo uma doutrina psicológica forte em nossa cultura. Está tão presente em nosso cotidiano que "muitas pessoas não percebem que 'behaviorismo' é o nome daquilo em que elas acreditam".[31]

Mas há teorias científicas que se opõem ao behaviorismo, demonstrando que a mente da criança, ao nascer, não é absolutamente uma página em branco. A teoria freudiana do desenvolvimento humano, por exemplo, sustenta que todo indivíduo, ao nascer, recebe uma herança inalterável, composta por aquisições realizadas pela Humanidade ao longo de sua história. Essa herança inclui tendências egoístas, agressivas, anti-sociais, de um lado, e desejos de estabelecer ligações emocionais próximas, de outro. O homem, segundo essa visão, será sempre acossado por profundos conflitos internos resultantes das discrepâncias entre o que ele é por natureza e o que ele quer ser, ou o que seus pais e educadores querem que ele seja. Então, ao longo de sua vida, o impulso egoísta de autopreservação está freqüentemente em doloroso conflito com tendências altruístas que também fazem parte de seu mundo interior.

Essa não é uma teoria muito otimista, uma vez que propõe a impossibilidade de se alterar essa herança, admitindo apenas que as primeiras experiências podem modificar o modo pelo qual ela se expressará na vida do indivíduo. De qualquer maneira, precisamos destacar seu aspecto positivo, se comparada com a

31 BETTELHEIM, Bruno. *Uma vida para seu filho*, cap. I, p. 8.

anterior, já que estimula o respeito pela personalidade única da criança e informa ser preciso que o educador, antes de forçar ou "condicionar" a criança ao que quer que considere melhor, tenha sensibilidade para perceber o que melhor se adapta ao educando, dando-lhe apoio para que ele encontre seu próprio caminho de crescimento.

Os conhecimentos que a Doutrina Espírita nos faculta permitem-nos analisar criticamente essas e outras teorias, para que possamos aproveitar a contribuição que podem oferecer e compor uma base filosófica consistente e adequada para nossa ação de educadores.

Sabemos que o homem é um ser tríplice, formado por *alma*, *perispírito* e *corpo físico*. A alma é a individualidade inteligente, sensível, dotada de livre-arbítrio e poder de co-criar, feita à imagem e semelhança de Deus. O *perispírito* é o organismo energético que acompanha a alma em seu processo evolutivo; é um corpo que não morre, mas se altera, de acordo com o grau evolutivo do indivíduo: quanto mais inferior o Espírito, mais denso e materializado é o perispírito; e quanto mais elevado o Espírito, mais sutil o perispírito. O *corpo físico* é o instrumento material, composto de matéria orgânica, que serve ao Espírito em seu processo de aprendizagem na Terra; nesse organismo, o cérebro representa papel preponderante, pois é acionando-o por intermédio do perispírito que a alma atua no mundo.

É importante considerar esses três elementos, ao analisarmos o indivíduo encarnado. Cada vida representa uma nova possibilidade de crescimento para a individualidade imortal, pois recebe ela um corpo inteiramente novo e a chance de reescrever sua história. Nos primeiros meses de existência, um indivíduo recém-encarnado obedece somente aos impulsos nascidos dos instintos básicos que estão no seu arquivo perispiritual e, no corpo físico, estão sediados no subcórtex (região do cérebro relacionada aos processos inconscientes); aos poucos, ao longo do seu crescimento, formar-se-ão os condicionamentos corticais, implicando uma aprendizagem. Esses condicionamentos resultarão de uma síntese entre os impulsos provenientes do mundo interior do indivíduo e as restrições imperativas do meio em que ele está inserido, incluindo aí a ação dos que o educam. Nesse ponto, como vemos, a Doutrina Espírita corrobora a visão freudiana, no que diz respeito ao conflito psicológico que o indivíduo vivencia ao longo do seu crescimento.

Para educar, é preciso educar-se

Diante do fato de que o corpo físico que o Espírito recebe para uma nova vida lhe oferece a chance de recomeço, poder-se-ia, então, considerar válido o processo preconizado pelo behaviorismo, tendo em vista que o córtex cerebral está "em branco" no início da vida? A resposta mais coerente é *não*, porque, como já constatamos, a aprendizagem resulta de uma síntese em que é preciso considerar dois elementos: ação exterior e reação interior. A ação exterior é, portanto, apenas uma parte do processo, a outra parte, a interior, depende dos arquivos perispirituais do indivíduo reencarnado e isso não é acessível a uma observação superficial, dificultando qualquer previsão que possa apoiar a ação subseqüente do educador, ainda mais considerando-se que os resultados do processo não são imediatos, podendo repercutir muito mais tarde, sem que se possa estabelecer uma ligação muito clara de causalidade entre a ação do educador e a reação do educando.

Os processos de condicionamento poderão ser úteis para a realização de certo tipo de aprendizagem, mais relacionada à aquisição de hábitos de higiene ou ao desenvolvimento de habilidades motoras. Não são, contudo, válidos para as aquisições psicológicas profundas, que são necessárias para que o Espírito reencarnado possa aproveitar a fase infantil e consolidar uma nova maneira de se relacionar com o mundo e com os outros seres que o rodeiam.

Analisando o que ensinam os Espíritos e a observação que Kardec acrescenta,[32] compreenderemos aspectos importantíssimos que poderão subsidiar nossos estudos e consolidar uma base filosófica consistente que nos permita exercer com consciência nossa ação de educadores junto àqueles que a Providência Divina situou ao nosso lado nesta encarnação.

---

32 KARDEC, Allan. *O Livro dos Espíritos*, questão 917.

Afirmam os Espíritos que o maior entrave ao progresso do indivíduo é o egoísmo, decorrente da preponderância que a matéria exerce sobre o ser humano, quando o Espírito se encontra na fase inferior ou mediana de evolução (fases predominantes dos seres encarnados nos mundos de expiações e provas como o nosso). Afirmam ainda que o enfraquecimento do egoísmo será a conseqüência natural da predominância da vida moral sobre a vida material e, para isso, será necessário atingir a compreensão da nossa verdadeira natureza, o que a Doutrina Espírita nos pode facultar. Esclarecem também que essa aprendizagem decorre da *influência moralizadora do exemplo* (destaque nosso). Em seu comentário, Kardec nos apresenta a educação como a chave do progresso moral, mas observa que a educação é uma arte *que exige muito tato, muita experiência e profunda observação.*

A teoria freudiana descreve fatos que se aproximam mais da visão espírita, porque considera os aspectos pertinentes à herança interior do indivíduo e focaliza bem a questão do conflito entre o que a natureza determina na intimidade da criatura e os limites que o meio estabelece, estudando com acerto os fatores relativos aos recalques que se alojam no inconsciente e de lá exercem sua influência disfarçada sobre a consciência. O Espiritismo, contudo, leva-nos a compreender que essa herança é, na verdade, resultado das aquisições da própria individualidade em suas diversas encarnações. Cada um é, antes de tudo, herdeiro de si mesmo e o meio em que o indivíduo renasce tem a ver com sua história anterior, é determinado pelo rigoroso mecanismo da lei de ação e reação que rege o mundo moral. Compreendemos, por conseguinte, que todo renascimento representa um projeto de renovação e crescimento para todos os que estão envolvidos afetivamente: pais e filhos.

Com a visão espírita, ao experimentarmos a posição de pais, corrigiremos o posicionamento ditado pelo orgulho e abriremos mão das imposições inflexíveis e ditatoriais, para assumir um comportamento mais democrático nas relações familiares. Se, apesar de espíritas, não estivermos sabendo aprender com a criança, como nos recomendou Jesus, a assumir um outro posicionamento diante da vida, está na hora de realizarmos uma análise criteriosa da leitura que estamos fazendo do Espiritismo. Tomando como base o pensamento dos Espíritos, percebemos que uma nova estrutura familiar é fundamental para se criar uma nova sociedade. Analisaremos mais adiante os elementos imprescindíveis à formação de uma nova interação familiar. Por ora, tentemos alinhavar alguns apontamentos sobre uma base filosófica para a ação de educar, orientando-nos pelas informações já colhidas.

Se pretendemos educar para o amor, a nossa ação objetivará oferecer à criança a possibilidade de desenvolver as qualidades inerentes à sua natureza moral, isto é, precisaremos levá-la a fazer sua natureza moral preponderar sobre a material, único meio de vencer o egoísmo – grande obstáculo ao desenvolvimento da capacidade de amar. E, se assimilamos bem a informação dos Espíritos quanto à importância do exemplo, verificaremos que o primeiro passo é não nos considerarmos, por sermos adultos, pessoas totalmente prontas em termos de educação, principalmente no que se refere à prática amorosa.

Precisamos estar conscientes da nossa própria necessidade de nos educarmos para o amor e investir energia para realizar isso no dia-a-dia de nossas vidas. Se estivermos empenhados nesse processo de auto-educação, estaremos oferecendo à criança o exemplo vivo de que ela necessitará. Não adianta nenhum discurso sobre isso com o educando e também se torna totalmente inútil qualquer tentativa de simulação exterior que não corresponda à nossa realidade íntima. O processo é energético, envolve o fato de estar o filho imerso na psicosfera criada pelos pais. Se o exemplo for autêntico e sincero, a criança absorverá inconscientemente a atitude adequada para elaborar intimamente o seu crescimento, no ritmo que lhe é próprio.

A PROPOSTA ESPÍRITA – ANÁLISE E REFLEXÃO

A proposta espírita pode ser extraída do roteiro traçado sinteticamente por Kardec, quando define a educação como uma arte que exige *tato*, *experiência* e *observação*. O detalhamento dessa síntese nos trará outros elementos para compor a base filosófica que estamos buscando.

O *tato* pressupõe capacidade de empatia com o educando, para podermos intuir o que as coisas podem significar do ponto de vista da criança. É preciso lembrar que nosso esforço deve dirigir-se à individualidade imortal, à alma, mas que essa individualidade está envergando, no momento, um corpo que obsta à manifestação de suas potencialidades. É preciso utilizar um processo de comunicação adequado às limitações do nosso interlocutor. Os discursos elaborados, as argumentações profundas, as ladainhas intermináveis não serão de modo algum compreendidos. O que a criança absorve, e muito bem, é o estado emocional que está por trás da fala e que muitas vezes o adulto tenta ocultar. A criança capta esse estado emocional e se inquieta, por não ser capaz de pensar abstratamente sobre ele, pois o seu cérebro físico ainda não atingiu o amadurecimento necessário para trabalhar idéias tão abstratas.

As surras e os castigos são também meios inadequados de comunicação com a criança. Ainda que o adulto tente explicar as causas do castigo físico, o sentimento que predominará na criança punida é o de degradação. O que as crianças aprendem com as surras e os castigos é que o adulto detém poderes sobre ela e, detendo o poder, fazem a justiça a seu modo. Os danos impostos aos sentimentos que ela nutre por seus pais podem ser extremamente prejudiciais à ação educacional que se pretende empreender. O que essas atitudes do educador podem suscitar na criança é o medo, e essa emoção é bastante negativa para o desenvolvimento da afetividade. O medo pode até impedir a criança de cometer o mesmo erro pelo qual foi punida, mas não a ajudará a ter motivação para encontrar os caminhos do amor.

O educador que tem tato não precisa chegar a esses extremos no seu relacionamento com a criança, pois ele saberá encontrar o caminho de levar a criança a querer agir de modo a ficar bem com a sua própria consciência. Como pais e filhos são Espíritos em trânsito para a perfeição e todos têm suas limitações, é natural que a criança cometa erros e também é normal que os pais se irritem com os filhos. A convivência entre seres ainda imperfeitos não é nada fácil, mas o educador que possui tato entenderá que sua irritação tem muito mais a ver com suas próprias dificuldades interiores que com a atitude dos filhos e, portanto, saberá ser honesto e aberto a respeito de suas emoções, sem permitir que elas passem a dominar seu mundo psíquico ao ponto de não poder controlar seus próprios impulsos.

A *experiência* será importante fator no processo educacional. Não existe, contudo, em nossa cultura, uma orientação para a paternidade ou para a maternidade. Recentemente, alguns movimentos nesse sentido têm surgido, como a "Escola de Pais" ou "cursos de noivos" promovidos por algumas igrejas. Habitualmente se considera que as pessoas sejam naturalmente aptas a orientarem os próprios filhos, sem necessidade de aprenderem isso.

Muitos pais recorrem a publicações diversas ou aos especialistas, exatamente por se sentirem inseguros diante da responsabilidade que a educação de um filho representa. É sempre bom lembrar que não é possível encontrar a experiência nos manuais do tipo "faça você mesmo". Já comentamos a impossibilidade de se traçarem normas gerais e infalíveis para a educação. O importante é que os pais estejam de fato interessados e envolvidos emocionalmente com seu filho, buscando uma compreensão intuitiva daquele Espírito que foi trazido ao seu lar, sem descuidar dos esforços para se conhecer melhor e alcançar uma consciência mais profunda de sua própria individualidade. Esse conhecimento de nós mesmos em relação à outra individualidade, ligada a nós por laços consangüíneos nesta vida e ligações afetivas talvez milenares, não nos pode ser dado por terceiros, ainda que sejam grandes especialistas em educação.

A *observação* talvez seja o item de que nos temos descuidado mais freqüentemente. A respeito disso, vale a pena destacar uma afirmativa de Jung:

> [...] os valores espirituais, as propriedades da alma, são inacessíveis a um tratamento meramente intelectual. Também de nada adianta que alguém tenha concepções céticas a respeito disso – a natureza pouco se importa com as nossas opiniões. Ao lidarmos com a alma humana, somente nos acercaremos dela se passarmos para o "chão" que lhe é próprio. É isso que devemos fazer sempre que nos encontrarmos diante dos problemas reais da vida que ameaçam subjugar-nos.[33]

Educar uma criança é uma grande responsabilidade diante da vida e pode tornar-se um grande problema a subjugar-nos, daí a validade do conselho de

---

[33] JUNG, Carl Gustav. Op. cit., cap. II, p. 44.

Jung. Somos tentados a buscar o conhecimento dos valores espirituais, das propriedades da alma, de uma forma inadequada, mesmo no que concerne às informações que a Doutrina Espírita nos propicia. Não estamos sabendo passar para o "chão", que é próprio da alma humana, para compreendermos em profundidade sua natureza.

Kardec afirmou que: "Quando se conhecer a arte de manejar os caracteres, como se conhece a de manejar as inteligências, conseguir-se-á corrigi-los [...]".[34] Como poderemos passar para o "chão" que é próprio da alma infantil? Em outras palavras, de que maneira poderemos observar mais adequadamente a criança e compreender como se organiza o seu psiquismo? É fato notório que o adulto geralmente considera a brincadeira infantil uma perda inútil de tempo, mas é exatamente aí que poderemos observar com mais propriedade a criança. É por intermédio da brincadeira que a criança conquista o domínio do mundo exterior, ao mesmo tempo em que aprende a lidar com suas inquietações internas. A brincadeira lhe possibilita a aprendizagem do controle do próprio corpo, ajuda-a com os seus problemas psicológicos e a inicia nas relações sociais, amparando-a no difícil aprendizado do ajustamento aos outros. Além disso tudo, ainda podemos acrescentar que é pela brincadeira que a criança nos deixa entrever seus impulsos e tendências, que são parte dos seus registros perispirituais.

---

34 KARDEC, Allan. *O Livro dos Espíritos*, questão 917.

É importante destacar que, quanto mais oportunidades a criança tenha de desfrutar a riqueza e a liberdade de fantasia da brincadeira em todas as suas formas, mais solidamente seu desenvolvimento se processará. O adulto precisa, por isso mesmo, respeitar a brincadeira da criança e tem que resistir à tentação de direcioná-la de acordo com a sua perspectiva pedagógica. A dimensão "mágica" da brincadeira está no sentimento que a criança extrai dela e esse valor estará perdido se ela perceber que está sendo direcionada artificialmente, pragmaticamente, para essa ou aquela aprendizagem específica. O aproveitamento pedagógico da brincadeira pode ser útil na escola, mas, em seu ambiente familiar, é preciso deixar que a criança se sinta livre para entregar-se à brincadeira, liberando a própria fantasia. Seus registros perispirituais emergirão, permitindo-nos a observação da alma no "chão" que lhe é próprio.

É, portanto, na conjugação desses fatores: *tato*, *experiência* e *observação*, como nos apontou Kardec, que poderemos ajudar nossos filhos a viver num mundo em que encontrarão predominantemente o egoísmo, a crueldade, a decepção, a manipulação de informações por interesses mesquinhos, a violência, em síntese, o *desamor* e, ainda assim, terem motivação para lutar pelo desenvolvimento de sua própria capacidade de amar. Dessa forma, atenderemos ao apelo de Jesus, quando solicitou que deixássemos ir a Ele as criancinhas, que não as impedíssemos. Ao longo dos séculos, nossa ação educacional tem gerado impedimentos às nossas crianças para encontrarem os caminhos do amor. Agora, direcionados pelo potente farol que a Doutrina Espírita acendeu em nossas vidas, poderemos corrigir essa distorção e permitir aos nossos filhos o encontro com a personalidade amorosa de Jesus.

A imaginação e a fantasia

Evidencia-se como tão importante, dentro das nossas reflexões, a brincadeira infantil, que se torna necessário aprofundar mais a nossa compreensão dos mecanismos psicológicos que estão nela envolvidos.

É relativamente recente a preocupação da Psicologia com a *imaginação* e a *fantasia*. Antes do advento das pesquisas psicológicas, seu estudo pertencia ao âmbito da Filosofia, mas, ainda assim, de Aristóteles a Santo Agostinho, não dispunham os filósofos de palavras distintas para essas duas faculdades anímicas. Devemos a Hegel a implantação definitiva da distinção entre ambas, que são determinações da inteligência, sendo a *imaginação* uma faculdade simplesmente reprodutiva e a *fantasia* uma faculdade criativa. Se hoje os dois termos são tidos como sinônimos, é graças ao uso que deles fizeram os fenomenólogos e existencialistas.

Para compreensão mais profunda disso, devemos partir da nova visão do homem que a ciência espírita possibilita. No estudo sobre os fluidos, por exemplo, aprendemos que o fluido cósmico universal é o princípio elementar do Universo.[35] Ele tem dois estados distintos: o de eterização e o de materialização. Tudo o que existe, no estado de energia ou de matéria no Universo, deriva desse fluido cósmico, que sofre modificações numerosas e apresenta, em cada estado, propriedades especiais. O corpo físico e o perispírito são produtos do fluido cósmico universal, são concentrações desse fluido que servem ao espírito. A alma ou espírito é a individualidade imortal, sensível, dotada de livre-arbítrio e vontade, contendo em si, no estado de gérmen, toda a perfectibilidade.

Vivemos imersos no fluido cósmico universal. Podemos tentar visualizar isso pela metáfora dos peixes no oceano, sugerida por Kardec. O peixe vive e se alimenta de elementos que estão na água, a sua presença gera modificações no ambiente líquido que o envolve, ao mesmo tempo em que modificações provocadas por outros seres que estão nesse mesmo ambiente também o atingem; quando um peixe se agita dentro da água, ele forma ondas que se propagam em torno e vão gerar interferências sobre outros seres.

Estamos nós, seres humanos, mergulhados no fluido cósmico universal e os nossos movimentos anímicos agitam esse meio em que habitamos, criando em torno de nós peculiaridades que se relacionam com nossa maneira particular de ser, mas esses movimentos

35 KARDEC, Allan. *A Gênese*, cap. XIV.

também se propagam, gerando interferências em outras individualidades em torno, assim como os movimentos alheios nos atingem. Esse fenômeno não é percebido pelos sentidos físicos, aptos a captarem somente estímulos provenientes da realidade material, mas são captados por sentidos psíquicos e geram efeitos morais que podem atingir indiretamente o corpo físico, ainda que a maioria das pessoas não se conscientize dessas percepções.

O pensamento é um atributo da alma que permite à individualidade, entre outros, a capacidade de reproduzir uma sensação já vivida (imaginação) ou de combinar sensações experimentadas para criar algo inteiramente novo e não vivenciado (fantasia). O homem é o único animal que consegue realizar isso. Quando falamos em sensação, estamos mencionando a reação orgânica a qualquer estímulo proveniente do mundo externo, e podem existir sensações visuais, olfativas, gustativas, táteis, etc. Nós podemos reproduzir pelo pensamento a sensação gustativa de chupar um limão, por exemplo, e esse pensamento leva à reprodução do efeito orgânico que ocorre quando de fato chupamos um limão, sem que tenhamos o estímulo físico real para isso. Esse é um exemplo fácil para que possamos compreender esse atributo da inteligência humana. No exemplo citado, o efeito produzido no corpo nos dá a idéia de que o pensamento, ainda que abstrato para nós, tem efeitos concretos e observáveis. Nesse caso, o pensamento foi produzido voluntariamente, mas as pesquisas psíquicas demonstram que há pensamentos que não resultam de uma intenção consciente, mas nem por isso seus efeitos são menores sobre a individualidade.

O pensamento é, ainda, um movimento anímico que atua sobre o fluido em torno da individualidade pensante, imprimindo nesse fluido determinados efeitos, inclusive criando imagens. O homem já internalizou considerável quantidade de informações colhidas de sua vivência no mundo e tudo isso está impresso em seus arquivos internos, fixados pela memória, que é outro atributo pertinente à alma. Kardec compara o fenômeno aos registros fotográficos. Ao utilizarmos a câmera fotográfica, nós fixamos os momentos vividos e depois reunimos essas imagens em álbuns para guardá-las. Aproveitando essa analogia, o Codificador apresenta-nos importante material de reflexão no seguinte texto:

> Quando o Espírito encarnado se lembra, sua memória lhe apresenta, de certo modo, a fotografia do fato que ele procura. Em geral, os encarnados que o cercam nada vêem; o álbum se acha em lugar inacessível ao olhar deles; mas, os Espíritos o vêem e folheiam conosco. Em dadas circunstâncias, podem mesmo, deliberadamente, ajudar a nossa pesquisa, ou perturbá-la.[36]

Essa informação daria margem a amplas reflexões explicativas de inúmeros fenômenos que nos ocorrem diariamente, mas interessa-nos agora extrair daí o que nos pode facultar o entendimento dos mecanismos da imaginação e da fantasia. Além das informações

---

[36] KARDEC, Allan. *Obras Póstumas*, Primeira parte: "Fotografia e telegrafia do pensamento".

arquivadas a partir de experiências na vida atual, constam da memória profunda outros arquivos mais antigos, colhidos em outras vidas. Pode dar-se a emersão inconsciente de um fato recente ou remoto e o texto transcrito anteriormente indica que essa emersão também pode ser provocada pela intervenção de uma inteligência exterior, um Espírito amigo ou inimigo.

Podemos, então, entender a função criativa da imaginação, elemento essencial para as descobertas científicas ou para a produção de obras de arte. O fenômeno ocorre a partir da vontade do indivíduo que está encarnado, mas pode receber contribuições exteriores de outras individualidades invisíveis, e são muitos os relatos de descobertas científicas que resultaram dessa interação das duas realidades da vida: a física e a extrafísica.

A BRINCADEIRA INFANTIL

Transpondo as informações do capítulo anterior para o fenômeno que queremos analisar – a brincadeira infantil –, entendemos que a criança é um Espírito que possui seus próprios arquivos internos, compostos de experiências de muitas existências, somadas às impressões colhidas da psicosfera em que se encontra imersa na encarnação atual, psicosfera esta criada, predominantemente, pela qualidade dos pensamentos dos adultos que a rodeiam. Dessa ambiência invisível aos nossos olhos físicos, convém destacar a importância das energias que emanam dos pais, pela ligação psíquica forte que existe entre a criança e seus genitores.

A brincadeira é a dramatização dos pensamentos que emergem do mundo íntimo da criança, e sua realização vai permitir a interação com conteúdos que precisam ser trabalhados.

> A brincadeira, o jogo, não é uma simples recordação de impressões vividas, mas uma reelaboração criativa delas, um processo através do qual a criança combina entre si os dados da experiência no sentido de construir uma nova realidade, correspondente às suas curiosidades e necessidades.[37]

A repressão que o adulto impõe à criança, quando desconsidera essa sua necessidade, vai gerar recalques psíquicos, cujos efeitos só emergirão mais tarde e talvez, então, seja muito difícil encontrar as raízes do desajuste, sem a ajuda de especialistas: psicólogos ou psiquiatras. Mesmo assim, a resolução do conflito exigirá, muitas vezes, que esse especialista, além de considerar a repressão geradora do recalque, seja capaz de entender que o que ficou para trás foi a chance de reviver pela brincadeira e reelaborar criativamente conteúdos psíquicos emergentes de conflitos vividos em outras etapas encarnatórias.

Não é fácil responder às perguntas: E o que fazer nesse caso? Será possível encontrar na vida adulta um sucedâneo para a brincadeira infantil? Agora que o indivíduo já está numa fase menos suscetível à influência dos educadores, pode-se levá-lo à reelaboração criativa

---

[37] RODARI, Gianni. *Gramática da fantasia*, cap. 44, "Imaginação, criatividade, escola".

de conteúdos arquivados em sua memória profunda? De que maneira se pode fazê-lo? Aqui não é o momento de buscar as respostas a essas questões, mas formulá-las é importante para nos dar a dimensão dos prejuízos que o adulto pode causar àqueles que estão situados na condição de seus filhos, por uma ação educacional equivocada.

Algumas vezes temos encontrado no meio espírita uma preocupação acentuada com o fato de as crianças usarem, em suas brincadeiras, armas ou outros artefatos bélicos de brinquedo. A tese que geralmente é defendida é a de que esse tipo de brincadeira induziria a criança ao desenvolvimento de um comportamento agressivo, gerando a possibilidade de que venha a ser, no futuro, um adulto violento. Há pais espíritas que, por isso mesmo, proíbem essas brincadeiras.

Observando bem a história da Humanidade, saltam aos olhos os episódios de violências e guerras de que ela se compõe. As crianças de hoje já viveram esses episódios em algum momento de seu passado, além disso, a psicosfera das coletividades humanas ainda não está isenta de energias desse teor, isso é evidente. É muito natural que as brincadeiras infantis tenham como centro de interesse reproduções disso. Impedir que a criança traga esses conteúdos à tona e os recrie de maneira mágica e fantástica, resolvendo-os no sentido de construir uma nova realidade, não parece ser o caminho para impedir a formação de um adulto agressivo, pelo contrário, é exatamente a repressão que poderá criar um recalque gerador da agressividade no futuro. Resumindo, "brincar é uma atividade com conteúdos simbólicos que as crianças usam, para resolver, num nível inconsciente, problemas que não têm condições de resolver na realidade".[38]

Ainda se pode destacar aqui o fato de que nenhuma estatística existe como resultado de um estudo sério, no sentido de comprovar os efeitos morais danosos à vida adulta das brincadeiras infantis com brinquedos que reproduzem armas. E existem, por outro lado, pesquisas bastante sérias que parecem confirmar totalmente a concepção de que aquelas culturas que dão muito afeto físico a seus filhos, e não reprimem as atividades espontâneas de crianças e adolescentes, geram adultos pouco inclinados à violência, enquanto que as culturas que se caracterizam por baixo nível de afeto físico à criança e comportamentos repressivos por castigos físicos desenvolvem adultos violentos e agressivos.[39]

Para o adulto, a brincadeira infantil é geralmente uma inutilidade. O adulto, em nossa sociedade, se encontra contaminado pelo pragmatismo da cultura em que vivemos, em que útil é o que contribui para a produção de bens materiais. Mas precisamos nos perguntar se essa perspectiva é correta, quando já concebemos a vida como o Espiritismo no-la apresenta. Não seria a insatisfação indefinível da vida adulta o desejo não declarado de recuperar a experiência infantil de prazer, o anseio de redescobrir a vida como brinquedo?

---

38 BETTELHEIM, Bruno. Op. cit., cap. 16, p. 174.

39 GAIARSA, José Ângelo. *Poder e prazer*, p. 19.

> Se uma sociedade baseada no mito da produtividade (e na realidade do lucro) precisa de homens pela metade – fiéis executores, diligentes reprodutores, dóceis instrumentos sem vontade própria – é sinal de que está malfeita, é sinal de que é preciso mudá-la. Para mudá-la, são necessários homens criativos, que saibam usar sua imaginação.[40]

Os Espíritos, na revelação que fizeram a Kardec, também afirmaram essa necessidade de mudança e reformulação, quando o Codificador indagou sobre a possibilidade da extirpação do egoísmo do coração humano: "[...] necessário é que se reformem as instituições humanas que o entretêm e excitam. Isso depende da educação".[41]

Precisamos mesmo de muita imaginação, para acreditar na possibilidade de criar a sociedade renovada do mundo de regeneração de que os Espíritos nos falam, e de muita criatividade para antecipar as características dessa renovação em nossas relações afetivas de hoje. Sem dúvida, os homens imaginosos e criativos de hoje foram as crianças que tiveram a oportunidade de desenvolver esse potencial anímico ontem, vivendo uma infância rica de experiências afetivas e brincadeiras. Cabe-nos vencer os nossos preconceitos culturais, para que possamos ampliar essa condição na infância, permitindo às nossas crianças o desenvolvimento da imaginação e da fantasia, a fim de que se formem, cada vez mais, homens imaginosos e criativos em nossa sociedade.

---

40 RODARI, Gianni. Op. cit., cap. 44, "Imaginação, criatividade, escola", p. 143.

41 KARDEC, Allan. *O Livro dos Espíritos*, questão 914.

É PRECISO DESAPRENDER PARA RENOVAR

Nossa cultura criou, nos tempos modernos, uma nova ansiedade para a mulher. Chamada a participar mais ativamente pela doação à sociedade de sua cota de produção, a mulher agora exerce funções que antigamente eram exclusivamente realizadas por homens. Naturalmente, os compromissos com o trabalho impedem que ela esteja presente no lar em grande parte do dia. Quando se casa e tem filhos, sente-se muitas vezes presa de grande angústia por deixar a criança aos cuidados de outras pessoas no período em que trabalha. Os papéis definidos pela cultura, tradicionalmente, transferem para a mulher o peso da responsabilidade quanto ao atendimento aos filhos, e a assimilação inconsciente desse papel gera matrizes psicológicas de culpa, sempre que ela acredite não estar cumprindo sua responsabilidade.

É parte desse conteúdo internalizado a crença de que uma criança não estará bem longe de sua mãe. Mas estamos hoje aprendendo com a orientação dos Espíritos que as instituições sociais precisam ser renovadas, a fim de que se eduquem as almas para a superação do egoísmo e, por isso, começamos a olhar com pensamento crítico certas determinações culturais que estão amarradas às tradições, entendendo, a partir da renovação que o Espiritismo propõe, que aprender, para criar uma nova atitude diante da vida, significa desaprender certas coisas que nos ensinaram e que se opõem a essa renovação pretendida.

O homem é um animal mamífero e isso determina a sua permanência junto à mãe nos primeiros tempos de sua existência na Terra. Por isso é tão importante que se respeitem as leis elaboradas para permitir à mãe que trabalha fora a amamentação. Mas a dependência tem sido excessivamente prolongada na sociedade humana. Alguns autores denunciam essa dependência extrema que pode alongar-se por toda a vida, gerando indivíduos incapazes de se locomoverem criativamente no mundo, aferrados à segurança e ao autoritarismo da família. Indivíduos que, quando se casam, vão reproduzir, no novo grupo familiar que constituem, o sistema em que viveram, funcionando, por sua vez, como repressores de seus próprios filhos.

Quebrar esse círculo vicioso exige coragem, principalmente porque isso significa sair das muralhas seguras do conhecido, para a aventura do que desconhecemos.

> Ao estudar a história da mente humana, impõe-se-nos sempre de novo a impressão de ser um fato real que o desenvolvimento do espírito se acha sempre unido a um alargamento do âmbito da consciência, e que cada passo adiante representa uma conquista extremamente repleta de dor e de esforço.[42]

Não é de se admirar que as criaturas relutem em buscar esse crescimento, mas o que a Doutrina Espírita nos mostra é que, se não o buscarmos voluntariamente, seremos empurrados a essa busca pela dor e, então, sofreremos duplamente. A lei do progresso

[42] JUNG, Carl Gustav. Op. cit., cap. I.

é determinismo divino, não poderemos burlá-la impunemente.

De que modo se poderá reduzir a influência da fama e minimizar o sentimento de dependência do indivíduo? Nesse ponto, a escola surge como um recurso importante e merece um capítulo à parte.

A CRIANÇA E A ESCOLA

A escola desempenha um papel muito importante na luta pelo desenvolvimento da consciência do próprio "eu". A transmissão dos conhecimentos acumulados pela cultura em que vivemos age sobre o indivíduo, tornando-o mais consciente de si mesmo e do mundo em que vive. Mas a função da escola não é só a de transmitir esses conhecimentos, ela oferece à criança um ambiente rico em possibilidades de novos inter-relacionamentos, gerando estímulo para o desenvolvimento da responsabilidade. A criança precisa preparar-se para o mundo que encontrará fora das paredes do lar, e a escola é uma parte desse mundo que se abre de forma segura, para que o processo de adaptação se desenvolva gradualmente. Precisamos considerar com seriedade a vida escolar de nossos filhos, e alguns pontos desse tema merecem destaque especial. Tentemos alinhavar algumas observações práticas bastante pertinentes.

A compreensão de que precisamos educar nossos filhos para o amor nos leva à consideração de que é preciso reduzir o sentimento de dependência do indivíduo em relação à família. O encaminhamento do filho a instituições especializadas no atendimento à criança em idade pré-escolar não deve ser visto pela mãe com sentimento de culpa. Nessas instituições, a criança será estimulada a um convívio mais amplo com outras crianças durante um período em que se libera parcialmente da repressão familiar, tornando-se, aos poucos, mais autônoma. Temos ouvido de inúmeras mães depoimentos que revelam surpresa, quando mencionam as conseqüências da participação do filho em instituições desse tipo. A surpresa existe, porque, pelos condicionamentos culturais, havia uma expectativa de prejuízo, já que a criança ficaria longe da mãe, contudo o que se constata é que houve ganho por parte da criança.

Mas os conflitos e angústias que surgem em relação ao período escolar não se limitam ao problema de colocar ou não a criança mais cedo na escola. Na verdade, se houver uma interação familiar harmoniosa e rica, a criança não apresentará problemas no seu crescimento, quer freqüente ou não uma escola na fase pré-escolar.

Segundo Emmanuel, até aos sete anos, o Espírito reencarnado se encontra em fase de adaptação à nova vida, e, por não existir uma integração perfeita entre ele e a matéria orgânica, é uma individualidade extremamente suscetível de receber as influências exteriores, a fim de consolidar os princípios renovadores para trilhar um caminho novo na vida. Daí a responsabilidade maior dos pais que precisam estar atentos às necessidades de seus filhos nessa fase.[43] O que precisa

[43] XAVIER, Francisco Cândido. *O Consolador*. Pelo Espírito Emmanuel. Questão 109.

ficar bem claro, contudo, é que não é a quantidade de tempo junto à criança que determina a qualidade do relacionamento com ela. A mãe que trabalha fora pode estabelecer uma relação rica e produtiva com seu filho, mesmo no limitado tempo que tem para estar com ele.

Os problemas mais sérios relativos à formação acadêmica começam quando a criança atinge a idade dos seis ou sete anos e, então, é tempo de iniciar sua instrução formal. Como pudemos observar pela informação de Emmanuel, a determinação dessa idade para o início da formação acadêmica não é destituída de fundamento, do ponto de vista espiritual. Tanto física quanto animicamente, a criança apresenta sinais evidentes de que uma primeira fase da vida terminou e que está pronta para o desenvolvimento subseqüente. Nesse ponto, a participação da criança no ambiente mais amplo que a escola oferece é de importância fundamental ao seu crescimento, mas não é fácil para ela desligar-se do universo familiar para lançar-se no desconhecido.

O período inicial de adaptação da criança à escola exige paciência dos pais. A ligação psicológica muito forte da criança com eles constitui um obstáculo à sua adaptação posterior no mundo, por isso é importante esse momento de desligamento dessas amarras. Há pais que dificultam o processo, por sua ansiedade e, algumas vezes, pela recusa em reconhecer o crescimento do próprio filho. A atitude de serenidade é sempre uma boa receita.

Uma visão crítica da escola

Temos observado que o trabalho escolar se torna um motivo de constantes desentendimentos entre pais e filhos, porque cada uma das partes analisa a questão unicamente de sua perspectiva. Para os pais, o progresso acadêmico do filho torna-se importante, porque eles estão pensando no futuro da criança e acreditam firmemente que a escola poderá abrir-lhe as portas da realização profissional. Para a criança, esse futuro é algo bastante remoto, ela não consegue alcançá-lo pelo pensamento como o adulto. Na sua perspectiva, o bom desempenho escolar se torna imperioso, porque isso agrada aos pais, por algum motivo obscuro para ela. Em alguns casos, por causa da ansiedade que os pais demonstram, é comum a criança acreditar que seu desempenho acadêmico se tornou mais importante para os pais que a sua própria pessoa, e esse pensamento pode torná-la ressentida e criar uma aversão aos estudos. Seu fracasso seria, então, um meio de atrair a atenção dos pais para ela mesma.

O que os pais precisam considerar seriamente, no caso da ocorrência do fracasso escolar, é que o bom desempenho acadêmico em nossa cultura determina para a criança muitas recompensas: boas notas, elogios, apreciação dos professores, satisfação dos pais. Por conseguinte, se a criança que possui requisitos necessários para se sair bem na escola está fracassando, é que há outras razões muito poderosas determinando isso. E é preciso compreender essas razões para resolver o problema. Os castigos físicos e outras formas de limites impostos à criança não serão suficientes para auxiliá-la a mudar esse quadro.

Antes de mais nada, embora compreendamos a importância da escola, deveríamos analisar criticamente essa instituição em nossa cultura, para compreendermos que ela, da maneira como está organizada hoje, é geradora de limites muito rígidos que se confrontam com a natureza da alma infantil, levando a criança ou a acomodar-se, reprimindo fortemente seus próprios impulsos, tornando-se passiva e desmotivada, ou a rebelar-se, gerando problemas disciplinares. A escola tem se mostrado uma instituição muito questionável e nós deveríamos trabalhar pela sua reformulação.

A fragmentação do conhecimento em disciplinas estanques, o desestímulo ao exercício do magistério, a inexistência de um significativo investimento em educação são algumas das muitas causas da situação caótica da educação em nosso país. Será difícil que uma instituição com tantas carências possa fornecer-nos segurança quanto ao desenvolvimento do trabalho a que se propõe. Mas, não obstante tudo isso, as famílias precisam confiar às escolas a instrução de seus filhos, já que o sistema social não reconhece a formação de um indivíduo, se ela não for comprovada por um diploma obtido em estabelecimento legalmente constituído.

É imperioso, então, lembrar que os pais não devem transferir para a escola a tarefa de formar o caráter de seus filhos. O que a escola pode fazer é fornecer a instrução acadêmica e propiciar à criança um ambiente mais amplo para o exercício da interação social. De qualquer modo, a ação da escola, mesmo que fosse bem constituída, jamais poderia substituir a ação da família no processo de formar integralmente uma individualidade, considerando-se os aspectos dos compromissos espirituais que desembocam na intimidade do lar.

Durante todo o período escolar, os pais devem acompanhar de perto a vida de seus filhos na escola, para ajudá-los a ver criticamente essa instituição, mostrando seus limites e suas possibilidades de auxiliá-los em sua preparação para a vida adulta. Devem incentivar sempre as atividades culturais propostas pela escola, como o desenvolvimento de oficinas de poesias, modelagem, leitura, realização de apresentações teatrais, composição de jornais, organização de exposições, feiras de ciência, olimpíadas esportivas, etc.

Há pais que consideram essas atividades como perda de tempo, acreditando que a escola deva limitar-se à ação dentro das salas de aula, para transmitirem o maior número de informações possível. Percebemos que os pais que assim consideram já estão preocupados com o preparo dos próprios filhos para o vestibular, embora seus filhos talvez ainda estejam cursando o ensino fundamental. O vestibular transformou-se numa sombra a obscurecer a atividade acadêmica nos ensinos fundamental e médio. É comum, por isso, que os pais considerem melhor a escola que dá mais informações e prepara provas mais difíceis. Essa é uma distorção séria em nossa sociedade, porque elimina das escolas a curiosidade histórica, o prazer de estudar, de investigar, de compartilhar descobertas, de brincar. E quando o prazer se ausenta, instala-se a indisciplina e surge a necessidade de ameaça, para se obter o comportamento desejado.

No contexto da escola, o processo de avaliação do educando tem-se transformado muitas vezes em instrumento de repressão, uma verdadeira ameaça. É perigoso que os pais atribuam importância desmedida aos resultados que se apresentam do desempenho da criança, expressos em números. O que se pode medir com esse processo é a retenção pela memória das informações que foram veiculadas em cada disciplina, ao longo de um período predeterminado (um mês, um bimestre, um ano).

O ideal seria uma escola em que os professores pudessem lidar com reduzido número de alunos, de modo que conhecessem bem o desempenho de cada criança, para avaliar o rendimento dela em sua disciplina, sem a necessidade de provas e testes. Como ainda não podemos alterar o sistema educacional vigente, podemos, como pais, pelo menos, mostrar aos nossos filhos os limites do processo de avaliação utilizado, para minimizar os efeitos danosos dessa prática na formação deles. Em lugar disso, entretanto, a maioria dos pais se posiciona ao lado da repressão que a escola exerce, pressionando os próprios filhos com reprimendas e castigos.

Se queremos educar para o amor, é preciso sabermos que as nossas escolas ainda não estão preparadas para nos ajudar nesse tipo de educação. Na escola,

> tudo é ensinado, exceto o necessário para o progresso do conhecimento individual de si próprio e do relacionamento com os outros. A criança descobre que muitos de seus professores são indivíduos sem vida, destituídos de entusiasmo, esperança ou alegria.[44]

Em momento algum da formação acadêmica nas escolas, propicia-se ao aluno instrumento para descobrir sua individualidade, sua criatividade, sua capacidade de pensar por si mesmo ou para encontrar seu próprio potencial de afetividade; em nenhuma parte do currículo acadêmico, podem-se encontrar informações sobre o que caracteriza um comportamento amoroso. Por outro lado, estimulam-se os comportamentos competitivos e individualistas dentro do grupo.

O PENSAMENTO DOGMÁTICO CONTAMINA A INSTRUÇÃO

O pensamento dogmático, pela influência forte dos jesuítas, impregnou também nossas escolas: a visão filosófica que se projeta do ser humano é de uma individualidade que já nasce contaminada pelo pecado original e que precisa de correção, não só pelo ritual do

44 BUSCAGLIA, Léo. Op. cit., p. 58.

batismo, como também pela ação educacional rígida e repressora.

A base de pensamento das igrejas que divulgam o Cristianismo no Ocidente é maniqueísta. Não que esse tipo de pensamento dualista estivesse na pregação de Jesus, mas porque o Judaísmo absorveu essa influência da religião persa, e a Doutrina Cristã, porque teve seu berço junto ao povo judeu, que forneceu a Jesus seus colaboradores diretos e seus continuadores, também assimilou essa influência.

O termo *maniqueísmo* vem de Mani, que era o deus persa formado metade do corpo pelo bem, metade pelo mal. A adoração a esse deus considerava o mundo como um campo de batalha de duas grandes legiões: a do bem e a do mal. As igrejas que se organizam sobre essa base filosófica consideram que os que estão do seu lado pertencem ao bem, os que se opõem são evidentemente da facção do mal. Surgem aí o dogmatismo, como instrumento de dominação das coletividades humanas, os anátemas, os conflitos, as guerras religiosas, a inquisição, todo o derramamento de sangue, que marcaram a nossa História com o ódio.

Embora toda essa violência se tenha atenuado, ainda se pode perceber a influência do maniqueísmo em nossa cultura como um obstáculo ao desenvolvimento da capacidade de pensar criticamente e um entrave à possibilidade de ver que a vida não se acha bipartida, que não existem apenas duas alternativas excludentes, mas múltiplos caminhos possíveis para a ação dinâmica e amorosa.

A Doutrina Espírita pode ajudar-nos a entender o Cristianismo sem os entraves do pensamento maniqueísta. A criança não nasce contaminada pelo pecado original, simplesmente porque não existe o pecado original. Na perspectiva espírita, não existe nem mesmo o pecado. A criança é um Espírito reencarnado que representa um projeto esperançoso de renovação traçado por Deus. Nós não precisamos salvar ninguém, todos estamos salvos, pois somos destinados à perfeição e teremos tantas oportunidades reencarnatórias, quantas forem necessárias para atingirmos essa meta e, dependendo do esforço que estejamos empreendendo na direção adequada, poderemos atingi-la mais ou menos rapidamente, com mais ou com menos sofrimento. A predisposição é para o desenvolvimento desse potencial positivo que trazemos, quando despertamos no mundo para mais uma experiência encarnatória.

É esse otimismo que precisa estar presente nos educadores, para que tenham uma visão mais clara da ação a ser desenvolvida em relação às crianças, em sua batalha pela aquisição do seu espaço no mundo. O Espiritismo, contudo, não está imune à influência do pensamento maniqueísta e, dentro do próprio Movimento Espírita, podemos surpreender atitudes, opiniões e pregações que se organizam sobre essa base filosófica. É preciso que estejamos atentos e vigilantes quanto a isso.

E por tudo isso, diante das dificuldades dos nossos filhos no período escolar, precisaremos usar de empatia para compreender a posição em que se encontram e ajudá-los. Talvez o único meio de conseguir isso seja buscando, em nossos arquivos de memória, as lembranças das nossas próprias angústias e dificuldades de crianças diante da escola do nosso tempo. Se as nossas experiências não nos fornecerem material suficiente para entendermos a posição dos nossos filhos, o recurso será fazermos a nós mesmos as perguntas: "O que me levaria a agir como meu filho está agindo agora?". "Se eu estivesse em situação semelhante, o que faria com que me sentisse melhor?".

É importante que os pais alcancem essa empatia com os filhos, para que possam de fato ajudá-los. Quando não se estabelece essa sintonia, mesmo o conselho mais coerente e adequado não alcançará seu objetivo, porque, na perspectiva da criança, os pais não estarão conhecendo precisamente a situação. A lembrança da nossa própria fragilidade quando crianças poderá nos propiciar o entendimento empático do que motiva a criança, eliminando a irritação que se instala em nós sempre que ela tem um comportamento diferente daquele que pretendíamos e, desse modo, teremos condições para aplicar nosso próprio potencial de afetividade à resolução dos problemas que surjam, envolvendo nosso filho em vibrações amorosas alimentadoras, a fim de que ele se fortaleça para vencer suas próprias batalhas.

Adolescência – Tempo de transformações

"Saindo à minha procura
fui por caminhos travessios
e vales e rios.
Pisei areias inumeráveis,
bebi em muitos mananciais
e em sonhos escalei
penedos que eram ninhos
de relâmpagos.
Mas a minha sede – a de
ser eu mesmo – não
se saciou jamais."

LÊDO IVO

A PUBERDADE

Há muitos aspectos a serem considerados quando tratamos da adolescência. Poderíamos explicá-la em termos psicossomáticos, desconsiderando os fatores sociais que também agem sobre o adolescente e geram reações comportamentais. Poderíamos focalizá-la do ponto de vista da ideologia predominante no sistema sociocultural em que vivemos e marginalizar os aspectos pertinentes aos conflitos emocionais inerentes ao desenvolvimento individual. Cada um desses aspectos daria ensejo a análises amplas e profundas, mas queremos aqui buscar uma visão panorâmica que nos permita visualizar diversos ângulos dessa fase da vida, principalmente para lançar sobre ela as luzes que o Espiritismo propicia e, assim, entendê-la de uma perspectiva diferente, principalmente com a finalidade de destacar o aspecto do desenvolvimento do afeto, que encontra nessa etapa da vida o colorido mais ostensivo da sexualidade.

A divisão da vida em fases é uma questão controvertida. A transição do indivíduo de uma fase para a outra, se nós o acompanharmos a cada instante, é difícil de ser delimitada. É como a passagem do dia para a noite: há uma modificação gradual e imperceptível a cada segundo, mas, em determinado momento, a mudança já se efetuou. Assim também, não podemos dizer com precisão quando terminou a infância e começou a adolescência, mas há um momento em que a individualidade manifesta diferenças tão acentuadas que é impossível não observar a transformação. Os estudiosos da vida, os filósofos, preocuparam-se em observar o caminho humano e em esquematizá-lo.

Há esquemas que dividem esse caminho em períodos regulares de sete, 14 ou 21 anos; há outros que o dividem em cinco, sete ou nove fases. Apesar das diferenças existentes entre os diversos esquemas, há pontos bastante coincidentes. Um desses pontos é a adolescência. Os gregos situavam-na no período que vai dos 14 aos 21 anos; os romanos entre os 15 e os 25 anos. A coincidência na determinação dessa fase da vida decorre das transformações orgânicas que são bastante evidentes na puberdade.

A puberdade é o período da vida em que o indivíduo adquire a capacidade física para a procriação. O desencadeamento das transformações corporais nessa fase é um processo bastante complexo. A faixa de idade em que o fenômeno ocorre é variável. Na mulher dá-se mais cedo que no homem. A Ciência nos informa que esse processo se inicia no hipotálamo, uma pequena região do cérebro, relacionada aos processos inconscientes.

O hipotálamo, num determinado momento do seu desenvolvimento, começa a fabricar substâncias que chegam à hipófise (glândula que controla a função das outras glândulas do organismo), ativando-a. Esta, por sua vez, envia hormônios estimulantes aos ovários, na mulher, e aos testículos, no homem, que iniciam então a produção e liberação dos óvulos e espermatozóides (os gametas que permitirão a reprodução), e também dos seus próprios hormônios. Essas substâncias, levadas pela corrente sangüínea a todas as partes do corpo, desencadeiam as transformações que caracterizam esse período.[45]

Um dos primeiros efeitos do processo é o "estirão", um crescimento em altura, que aparece por volta dos 11-12 anos nas meninas, e em torno dos 12-14 anos nos meninos. A musculatura se desenvolve com rapidez, o corpo torna-se menos flácido, os ossos crescem, se espessam, tornam-se mais robustos. Os ombros se alargam nos meninos, enquanto que nas meninas é o quadril que se amplia mais. Aparecem os caracteres sexuais, como o surgimento dos pêlos nas regiões genital e axilar para ambos os sexos. Desenvolvem-se os seios e surge a primeira menstruação nas meninas, e crescem os testículos e começa a produção de espermatozóides nos meninos.

Certas informações que podemos colher na vasta bibliografia espírita nos permitem alcançar um entendimento mais amplo da vida e de suas diferentes fases. A compreensão da estrutura da alma, por exemplo, pode ajudar-nos a interpretar adequadamente os fenômenos que nos surpreendem na puberdade. Parece

[45]BECKER, Daniel. *O que é a adolescência*, p. 19.

estranho falar em *estrutura da alma*, pois nós a concebemos como algo abstrato e indefinível, mas desde a Antigüidade já encontramos grandes filósofos buscando no entendimento da alma uma explicação para os fenômenos orgânicos. Jean Pierre Cotten, numa leitura da obra de Aristóteles, ao focalizar esse aspecto, afirma que essa teoria poderia ser denominada "uma *física* das funções da alma" (destaque do autor).[46] Jung, mais recentemente, menciona a "estrutura biológica da alma"[47] e, na bibliografia espírita, podemos citar Jayme Cerviño, que nos fala sobre a "anatomia da alma".[48] Esse modo de ver a alma permite-nos uma percepção inteiramente nova do funcionamento da mente.

Os estudos mais recentes informam que há fenômenos psíquicos conscientes e inconscientes. Algumas áreas cerebrais parecem estar relacionadas com os processos conscientes (o córtex) e outras com os processos inconscientes (o subcórtex). A consciência consta daquele conjunto de imagens que estão associadas ao "eu", são conteúdos psíquicos dotados de certa intensidade. Tanto o consciente como o inconsciente não representam estruturas estáveis, cada um é algo vivo em contínua atuação sobre o outro. Conteúdos conscientes podem perder a intensidade e mergulhar no inconsciente, num processo que denominamos de esquecimento. Conteúdos inconscientes podem emergir em forma de tendências e impulsos que invadem a consciência.

---

46 JERPHAGNON, Lucien. *História das grandes filosofias*, cap. 4.

47 JUNG, Carl Gustav. Op. cit., cap. III, p. 55.

48 CERVIÑO, Jayme. *Além do inconsciente*, cap. II.

Nas primeiras semanas de vida, a criança age, obedecendo aos impulsos inconscientes subcorticais, provenientes dos automatismos perispirituais destinados à preservação da vida e que compõem os instintos básicos de conservação e de auto-afirmação. Durante sua existência, à medida que o corpo se desenvolve, ela desenvolve também sua consciência em um processo lento e gradual, pela integração de conteúdos que emergem do inconsciente e pela formação de condicionamentos corticais que dependem basicamente da influência do meio em que vive.

A consciência do próprio "eu" começa a desenvolver-se bem cedo, aproximadamente aos três anos, quando a criança começa a utilizar esse pronome pessoal para referir-se a si mesma, mas nessa fase ela ainda está imersa na psicosfera criada pelos pais. Quando entra para a escola, aos seis anos, essa consciência se amplia, um pouco, mas permanece em estado embrionário. É na puberdade que ocorrerá a conquista de uma relativa independência psíquica. Segundo Jung, a consciência se forma por um agrupamento gradual de fragmentos emergentes do inconsciente em um processo que não cessa nunca ao longo da vida, porém o período em que ocorre de maneira mais intensa é do nascimento ao término da puberdade e, sobretudo, durante a puberdade, fase em que surgem as perguntas cruciais para o desenvolvimento da personalidade: Quem sou eu? O que eu quero? De que sou capaz?

Os problemas da influenciação espiritual na puberdade

Há um caso narrado por Yvonne A. Pereira que poderá nos trazer subsídios para a percepção de um ângulo da problemática da puberdade relacionado às inter-relações que estão além dos limites dos sentidos físicos, para cujo entendimento o Espiritismo contribui de modo admirável.[49] O fato ocorreu com familiares da própria Yvonne, sendo personagem principal uma menina de dez anos, caçula de uma família de seis irmãos.

A menina era inteligente, demonstrando até precocidade; era aplicada aos estudos e tinha boas notas na escola, mas começou a apresentar crises, em que acusava anormalidades no comportamento.

> Caracterizavam-se os seus modos por trejeitos cômicos, carantonhas horríveis, palavreado piegas ou atrevido, desagradável, tolo, que a todos da família irritava e aos estranhos escandalizava [...] se rebelava contra qualquer disciplina, desobedecendo a tudo, renitente, odiosa, dando mesmo impressão de se encontrar desequilibrada das faculdades mentais.

A família tentou todos os recursos conhecidos, do diálogo carinhoso e persuasivo aos castigos e chineladas. A criança resistiu a todas as tentativas e rejeitava sistematicamente os passes que lhe desejavam aplicar.

Solicitada a ajuda espiritual, o mentor de Yvonne levou-a a observar as companhias espirituais da meni-

---

49 PEREIRA, Yvonne A. *Devassando o invisível*, cap. "Mistificadores–Obsessores".

na. Eram Espíritos levianos pertencentes a uma classe especial de mistificadores, criaturas inferiores e inconseqüentes, mal-intencionadas e avessas ao bem, que se compraziam em infelicitar o próximo apenas para se divertir. Explicou o mentor que a menina, antes de reencarnar, havia-se deixado atrair por esse grupo de Espíritos, porque era, então, também um Espírito inconseqüente e leviano e sentia necessidade de sensações inferiores, mas, percebendo com o tempo o erro que cometera, buscou libertar-se e, com a ajuda de amigos espirituais, obteve a chance de reencarnar, para reeducar-se. Informou ainda que, em seu projeto da nova vida, trouxera a possibilidade da mediunidade que poderia, no futuro, frutificar em benefício do próximo. O remédio sugerido pelo mentor foi o encaminhamento da criança aos estudos do Evangelho, preces, paciência, amor e disciplina rigorosa, sem concessões que redundassem em cumplicidade com caprichos prejudiciais. Além disso, recomendou que a família demonstrasse interesse fraternal e caridoso para com os infelizes acompanhantes desencarnados.

O que se depreende da narrativa é que a ligação da menina com os Espíritos inferiores era anterior ao seu nascimento, contudo o problema só emergiu de modo ostensivo no início da puberdade, quando a menina começou a alcançar aquela relativa independência psíquica mencionada acima. Antes disso, certamente protegida pela psicosfera em que se encontrava imersa nas primeiras fases da vida, não oferecia ela espaço psíquico para a influenciação de que seria objeto mais tarde. Com o desenvolvimento do corpo, o aparelho cerebral permitiu, então, a manifestação mais ostensiva de sua realidade interior e, como suas ligações espirituais anteriores eram de natureza inferior e ela permanecia, de certa forma, identificada com aquelas ligações, os efeitos foram os descritos acima. Assim, é possível entender que o despertar da consciência, caracterizado pela integração de conteúdos inconscientes, ganha um dinamismo especial na puberdade e pode propiciar também a ocorrência de fenômenos inexplicáveis, se os observarmos da perspectiva restrita da vida atual.

É importante destacar que, como pais, precisamos propiciar aos nossos filhos o ambiente psíquico livre de influenciações negativas para garantir-lhes um crescimento sadio. No caso citado anteriormente, fica evidente que os problemas apresentados pela criança resultavam de uma história relativa a ela mesma e que os pais lhe garantiram o apoio adequado antes, durante e depois da ocorrência das crises, tanto é que, segundo o relato, ao final do capítulo, a criança corrigiu-se das anormalidades. Há, no entanto, casos em que a criança reflete problemas que não são pertinentes à sua própria história, mas resultam da influência de companhias espirituais que os pais cultivam e isso se deve ao fato de o psiquismo infantil ser extremamente suscetível às influências da atmosfera espiritual da família.

A puberdade e a inter-relação familiar

Com nosso horizonte mental ampliado pela visão espírita, entendemos que, pela educação, podemos apoiar, de modo apropriado, o processo de formação da consciência dos nossos filhos. Não estamos mencionando aqui educação no sentido de transmissão de conhecimentos ou treinamento de habilidades, queremos destacar o desenvolvimento psíquico que só ocorre no ser humano por intermédio de um relacionamento significativo com outro ser humano. É no contato com os seus familiares que a criança, a princípio, percebe a sua individualidade em oposição à dos outros; mais tarde, a escola lhe oferecerá a chance de perceber a sua identidade como distinta da identidade de seus pais e isso ampliará sua consciência de si mesma. Mas é na puberdade que, pelo amadurecimento do aparelho cerebral, ocorre a emersão mais acentuada de conteúdos inconscientes, abrindo inúmeras possibilidades de retomada de *memórias*, em forma de tendências e impulsos. A fase da puberdade, portanto, exigirá dos pais um cuidado todo especial para observar o comportamento da criança e trabalhar, para oferecer-lhe o apoio de que necessitará.

É importante que os pais demonstrem respeito pela individualidade de seu filho desde a fase da concepção, pois, segundo a óptica espírita, o embrião já se encontra ligado ao Espírito que está retornando à vida carnal. É, portanto, alguém que tem sua própria história. Há pais que se exasperam quando a criança entra na fase do "não", reagem de maneira ditatorial, impondo sua vontade com o argumento da força. Uma fórmula mágica para resolver esse problema é substituir as ordens por convites, tanto melhor se esses convites tiverem algum atrativo que gere a motivação para que a criança faça o que estamos sugerindo. A importância de minimizar o confronto entre a vontade do adulto e a da criança está exatamente no fato de que é nesse momento que a criança está iniciando o processo de descoberta da sua individualidade.

Na puberdade, com o despertar da sexualidade, emerge também a experiência de querer conscientemente ser alguém distinto de qualquer outra pessoa, principalmente, alguém distinto dos pais. A oposição que a criança manifesta em relação aos seus genitores nessa fase é uma característica de que esse processo está em andamento, e faz parte disso uma acentuada crítica às atitudes e aos valores dos adultos de modo geral e dos pais em particular.

Qualquer pai dirá que não é fácil lidar com uma criança nessa fase e, de fato, para construir uma interação harmoniosa, os pais deverão ter humildade e paciência – virtudes que não são muito freqüentes nos dias de hoje. Mas sem humildade, como poderão os pais receber as observações críticas do filho? E, sem paciência, como conviver com as flutuações de humor, a rejeição sistemática de conselhos que a criança manifesta? Ter humildade e paciência não significa, contudo, subserviência e permissividade. A fase pode propiciar aos pais a oportunidade de auto-avaliação, pela análise criteriosa das críticas que lhes são apresentadas pelo filho, o que poderá levá-los a um crescimento significativo, se souberem aproveitar essas críticas para a reformulação de atitudes inadequadas.

É fundamental, contudo, que os pais mantenham os próprios valores, sejam pessoas seguras da validade deles e não tenham, por isso mesmo, a necessidade constante de defendê-los com veemência, impondo-os ao filho como verdades indiscutíveis. A atitude de equilíbrio estará em os pais não adotarem uma atitude de defesa a respeito de si próprios e de seu modo de vida e, por conseqüência, de oposição sistemática à atitude que o filho apresenta nesse momento, mas também não cederem às críticas, tentando assumir um comportamento "moderninho" e inconsistente. Os valores dos pais estão expressos no exemplo que oferecem aos filhos por sua atitude, mas se houver a necessidade de falar sobre eles, os pais deverão ter uma argumentação sólida, lógica e coerente para oferecer.

Ao entrar na fase da puberdade, a criança entra também numa etapa do desenvolvimento mental muito importante. Segundo Piaget, conhecido biólogo e filósofo suíço, é nessa fase que ela começa a ser capaz de pensar abstratamente. A mente já madura quanto à sua estrutura é capaz de formular um raciocínio hipotético-dedutivo e manejar conceitos complexos. A criança experimenta então o prazer de dialogar, expressando conceitos e testando suas idéias. Os pais podem, portanto, aprofundar sua comunicação verbal com o filho. Mas falo aqui de conversa, de diálogo, situação em que os dois interlocutores estejam num mesmo plano. Não estão nesse caso os "sermões", em que o adulto se coloca na perspectiva de dono da verdade e desenvolve um monólogo sobre suas razões e pontos de vista.

A importância da interação verbal significativa, nessa fase, está na oportunidade que ela oferece para que a criança desenvolva plenamente sua potencialidade intelectual. Nem todos os jovens alcançam esse desenvolvimento, pela falta de estímulo ambiental, primeiro por falha da família, quando os pais não encontram tempo para conversar com o filho ou quando a família apenas se reúne em frente à televisão; depois por falha da escola, que privilegia as atividades individualizantes de ensino e não utiliza a dinâmica de grupos, para criar oportunidades de troca de experiência de modo ordenado e produtivo.

A Doutrina Espírita oferece rico manancial de idéias que se baseiam na lógica e na razão, compondo uma visão da vida coerente e significativa que nós podemos oferecer sem medo à criança na puberdade. A partir da leitura de histórias, contos, crônicas ou páginas colhidas na bibliografia espírita, podemos estabelecer um diálogo franco e aberto com ela, aproximando-nos do seu modo de analisar o mundo e oferecendo-lhe vasto campo para o exercício do pensamento.

O *culto do Evangelho no lar*, prática incentivada pelas instituições espíritas, pode ser um momento de interação familiar voltado para essa conversa produtiva, em vez de se limitar à recitação de preces e leituras enfadonhas, ou, o que é ainda pior, tornar-se ocasião em que os pais aproveitam para criticar atitudes do filho, confrontando-as com os ensinamentos lidos. O culto cristão espírita no lar deve ser momento de prece, leitura, reflexão e interação verbal significativa e fraterna; precisa ser planejado pelos pais para atender às necessidades dos filhos, por isso a leitura deve ser escolhida, tendo em vista a capacidade de entendimento deles. À medida que criarmos um clima de receptividade, o hábito de conversar se estabelecerá no dia-a-dia da família e não só os filhos se beneficiarão desse hábito saudável, também os pais encontrarão, nesse intercâmbio de idéias, momentos de rica troca afetiva e cultural.

Puberdade x adolescência

Precisamos distinguir a puberdade da adolescência. O fenômeno da puberdade é algo que acompanha o ser humano desde os seus primórdios, pois resulta de determinações naturais. A adolescência, ao contrário, não é algo determinado pela nossa própria natureza, mas resulta de condições sociais. Embora a adolescência já fosse delimitada pelos gregos e romanos na época clássica, alguns estudiosos afirmam que, antigamente, as pessoas não tinham idéia do que chamamos adolescência. O fenômeno, como nós o caracterizamos, só se tornou amplamente comentado após a Primeira Guerra Mundial.

Antigamente, a noção do limite da infância estava mais ligada à dependência do indivíduo do que à puberdade, portanto a adolescência, tal qual a conhecemos agora, existia, há um século, apenas entre famílias de alta classe que podiam manter seus filhos além da infância. As famílias pobres não podiam dar-se a esse luxo, porque, mal terminava a infância, o indivíduo era encaminhado ao trabalho. Nos dias de hoje, essa também é a realidade das classes mais pobres. Até bem pouco tempo, que o digam nossos avós, ser jovem era algo a se viver rapidamente, para tornar-se logo adulto e ter entrada no esquema produtivo da sociedade.

Um fato que deve ser apontado como determinante de modificações sociais profundas e que levou a uma distinção maior da adolescência, foi a melhoria das condições de vida da classe média. O que acontece agora, portanto, é que o fenômeno da adolescência se estendeu, abrangendo um número maior de indivíduos. Contudo, para que tenhamos uma idéia mais precisa do conjunto de indivíduos de que estamos falando, precisamos considerar que, no Brasil, há cerca de 38 milhões de pessoas na faixa etária entre 10 e 20 anos. Desse conjunto, a maior parte pertence às classes pobres, muitos são marginalizados da sociedade, chamados às vezes "menores", e podem ser vistos nas reportagens da TV ou na página criminal dos jornais. O indivíduo das classes mais pobres chega à adolescência sem poder mesmo pensar em conflitos ou mudanças no corpo, pois precisa resolver necessidades mais prementes, para garantir a própria sobrevivência. Quando falamos da adolescência, estamos, na verdade, caracterizando o grupo que pertence às camadas médias e altas urbanas, o que significa um número consideravelmente menor de indivíduos.

É bom destacar também um aspecto contraditório deste momento da história da Humanidade. A criança de hoje amadurece sexualmente mais cedo do que a do começo do século. Alguns estudos mostram que, na Europa do século XVII, ocorria a primeira menstruação aproximadamente aos 17 anos. Nos Estados Unidos, essa média baixou de 14 anos e três meses em 1980 para uma atual de mais ou menos 12 anos e meio.[50] Desde o começo deste [século XX], a idade da primeira menstruação caiu cerca de três meses a cada década, o mesmo acontecendo com a idade em que os meninos alcançam a maturidade sexual. Por outro lado, nas classes média e alta, o período de dependência do indivíduo se alongou, pois os jovens permanecem ligados à família até a conclusão do curso superior. Só então conquistam sua independência financeira e começam a ser considerados adultos.

Esse período alongado de dependência gera sentimentos de desconforto para os indivíduos dentro da família. Para o filho, muitas vezes, origina uma espécie de sentimento de culpa, geralmente inconsciente, pelo

[50]BETTELHEIM, Bruno. *Uma vida para seu filho*, cap. 24.

trabalho e alto custo de sua criação; para os pais, causa algum ressentimento, pois o filho parece aceitar tudo como se lhe fosse devido. Essas contradições criam tantas tensões entre pais e filhos, que é preciso estarmos altamente conscientes, para criar uma interação produtiva e enriquecedora na relação afetiva dentro da família.

Mas será difícil desenvolvermos uma interação harmoniosa se mantivermos uma visão muito restrita da adolescência, por isso é importante buscarmos reflexões mais amplas acerca da nossa cultura, da classe social em que estamos inseridos e dos fatores que concorreram para criar o mito da adolescência neste século. Antes de qualquer outra coisa, precisamos perceber a sociedade como uma estrutura composta de classes em conflito, cheia de contradições, mas uma estrutura que tende à autopreservação.

Adolescência e cultura

Sabemos que a cultura é uma criação coletiva do homem e que ela está sujeita à lei do progresso, não podendo permanecer estacionária, mas temos que reconhecer que há uma força de inércia em funcionamento no meio social, tendente a manter o *status quo*. Para manter-se, a sociedade estabelece normas e padrões, a partir dos quais se cria uma visão de mundo, um conjunto de idéias que é transmitido a todos os indivíduos pela educação. Esse conjunto de idéias compõe uma ideologia que garante a estabilidade social. De um lado, pode ser um elemento positivo, facilitando para o indivíduo que nasce dentro do grupo a construção de sua identidade. De outro lado, quando essa ideologia privilegia a classe dominante em detrimento das outras, garantindo àquela o domínio, tanto no plano material, quanto no plano das idéias, pode ser muito negativa para a evolução da coletividade, porque propõe o seu sistema social como verdade natural e imprescindível, para que tudo funcione bem, desvalorizando o que discorde dessa verdade. Nesse caso, em lugar de apresentar diferentes modos de vida valiosos, a ideologia impõe um único modo de vida socialmente possível, estabelecido pelo poder dominante.

A partir daí, a ideologia se torna uma força invisível, condicionando a vida segundo seus padrões artificialmente criados, gerando a alienação que leva o homem a atribuir sua vida e suas relações a forças superiores, incompreensíveis e fora do seu alcance, dificultando o processo de autoconhecimento e impedindo uma ação crítica e consciente na direção da construção de outras formas de interação social voltadas para o progresso.

Esse parece ser um quadro freqüente nas sociedades do mundo moderno. É só observarmos com atenção o contexto social: violência, miséria, falta de perspectiva, desemprego, competição, consumismo, racismo, destruição da Natureza, exploração do trabalho, conflitos sociais, injustiça, corrupção. Essa é a herança que estamos legando às gerações que surgem. Esse quadro terá que ser transformado, pois nosso mundo também obedece à lei do progresso. E, para que ocorram as transformações necessárias, as novas gerações têm que trazer a sua contribuição, mas, na ideologia da cultura em que vivemos, o adolescente é visto como alguém que vive uma crise, cuja "cura" consistirá em sua adaptação ao contexto.

Muitos adultos têm o seguinte discurso: "Eu também, quando era jovem, queria transformar o mundo, mas depois cresci e me adaptei, você também está passando por isso, mas depois tudo se normalizará, não precisa fazer tempestade em copo d'água".[51] Essa é uma excelente maneira de desconsiderar a opinião do jovem, minimizar os problemas pelos quais está passando e deixá-lo inseguro quanto ao seu próprio pensamento. E sem dúvida um discurso que nasce da ideologia tendente a manter o *status quo*, portanto contrário ao progresso.

Um outro ponto a ser destacado, dentro dessa discussão sobre a ideologia, é a descoberta da adolescência como mercado de consumo. Com o avanço da tecnologia e o aperfeiçoamento dos meios de comunicação, criou-se o modelo do adolescente que favorece os interesses do sistema, fazendo fluir, por trás da propaganda, rios de dinheiro. A padronização atende às necessidades da indústria, e o consumismo gera o lucro necessário. Importante manter o mito funcionando pelas armas fantásticas da mídia. Os que não se sintonizam com a "moda" sentem-se deslocados, confusos,

51 BECKER, Daniel. *O que é a adolescência*, p. 10.

marginalizados. E, mais uma vez, perdem-se a originalidade, a espontaneidade e o pensamento crítico. Não é de estranhar que o jovem se deixe apanhar nessa armadilha, mas o que ocorre nos dias atuais é que mesmo o indivíduo adulto se deixou contaminar e espalham-se os modismos por todas as idades.

Embora a cultura seja suscetível também às transformações que geram o progresso, as forças que tendem à inércia são grandes, por isso são necessários abalos esporádicos que imponham a necessidade de mudança de forma mais acelerada, caso contrário, as coisas se processariam com extrema lentidão. A Providência Divina atua pela movimentação das forças naturais ocasionando periodicamente cataclismos que abalam as culturas, fazendo emergir novas possibilidades de progresso. Alertados, contudo, pelo pensamento espírita, poderíamos contribuir para a evolução por uma ação consistente de educação e valorização do jovem, sem nos acomodarmos ao sistema e sem nos acovardarmos diante da necessidade de confronto que uma atitude de renovação gera. A ação renovadora pode causar alguns problemas àquele que empunha essa bandeira, mas certamente evitará maiores sofrimentos.

Perspectiva espírita

Do ponto de vista da filosofia espírita, o nascimento de uma criança representa, exatamente, uma aposta da vida no progresso. Cada individualidade que aporta a este mundo traz um recado de mudança e aperfeiçoamento e, na fase da adolescência, segundo Piaget, o aparelho cerebral começa a oferecer-lhe a oportunidade de trabalhar com conceitos abstratos, para que possa manifestar-se verbalmente com coerência e propriedade. Precisamos considerar com mais cuidado as opiniões do adolescente e ajudá-lo a desenvolver uma visão crítica da realidade, permitindo-lhe expressar suas idéias e abrindo também nosso pensamento a ele, em um diálogo franco e isento das pressões ideológicas.

A tarefa do adolescente é responder às perguntas: onde eu me situo no mundo? o que esse mundo é de fato? que forças atuam na sociedade? qual é o significado da minha vida dentro desta coletividade? no que posso acreditar? para que rumo devo dirigir minhas energias? As respostas serão fundamentais para que ele consiga fazer a escolha de uma carreira e alcançar a maturidade social, a fim de emancipar-se da casa paterna.

Mas, para encontrar essas respostas, é necessário o suporte de uma filosofia de vida coerente, e parece que os adultos, em nossa sociedade, contaminados pela ideologia, não têm conseguido oferecer aos jovens algo bastante consistente. A angústia de não poder solucionar essas questões internas pode levar muitos indivíduos a desequilíbrios sérios, tanto psíquicos quanto comportamentais, incluindo aí o temível fantasma da toxicomania, o pesadelo das depressões e as crises existenciais. Como conseqüência desse quadro, podemos apontar os processos de influenciação obsessiva com seu invariável cortejo de sofrimento. "Em Washington, paraíso do consumo e do prazer, uma estatística revela que um jovem entre 15 e 24 anos tenta suicidar-se a cada dois minutos, sendo que um deles consegue fazê-lo a cada hora e quarenta e cinco minutos".[52]

A filosofia espírita, baseada na segurança da observação dos fatos, oferece uma visão de mundo clara. O conhecimento da lei das reencarnações nos propicia explicações precisas acerca da nossa posição dentro do grupo familiar e no âmbito da sociedade em que ressurgimos para a vida. A ausência do dogmatismo amplia nossa liberdade de pensamento, situando-nos num patamar de observação da realidade acima dos limites da ideologia.

O entendimento da finalidade da encarnação mostra a direção a ser dada aos nossos esforços, na busca do aperfeiçoamento intelectual e moral. A consciência dos objetivos da Doutrina Espírita no cenário do mundo nos aponta o papel que nos cabe dentro da coletividade humana, destacando a responsabilidade intransferível de cada um no trabalho de sua própria melhoria, em primeiro lugar, e, em segundo lugar, seu compromisso de auxiliar o processo de evolução da sociedade, no sentido de instituir um sistema social mais justo e fraterno.

As reflexões profundas e espiritualizantes que o estudo espírita propicia geram uma psicosfera individual

52 BECKER, Daniel. *O que é a adolescência*, p. 85.

imune às investidas de individualidades inferiores, e as opções de trabalho no campo da assistência social nos situam sob a proteção direta de Espíritos elevados. A conseqüência disso tudo é o equilíbrio psíquico, a capacidade de enfrentar as provas que não possam ser eliminadas do nosso caminho e a disposição de buscar o próprio crescimento.

Os grupos de mocidade devem ter, sem dúvida, papel de grande destaque nas casas espíritas, não só por propiciarem aos adolescentes a base filosófica coerente de que eles necessitam, como também porque serão a fonte de renovação para a própria instituição que não pode imobilizar-se no tempo, sob pena de ter que fechar as próprias portas, mais cedo ou mais tarde, por não ter mãos que dêem seqüência aos seus projetos doutrinários e assistenciais.

Precisamos buscar conhecimentos que nos possibilitem a dinamização das atividades dos jovens dentro do Movimento Espírita, integrando-os gradualmente nos diversos setores de trabalho, a fim de que não continuemos a ter o quadro que observamos hoje: os grupos de evangelização infantil são numerosos, mas os de mocidade se reduzem consideravelmente e, nos diversos departamentos da Casa, é raro encontrar o trabalho do jovem.

Os adultos que se apresentam para as tarefas são criaturas trazidas à Casa Espírita, geralmente, pela dor e que, encontrando o lenitivo que buscavam, permanecem e se integram na tarefa com a qual mais se identificam, conscientes da própria necessidade desse envolvimento. Poucas vezes encontramos nos trabalhos dos diversos departamentos de uma Casa Espírita aqueles que transitaram naturalmente das classes de evangelização para a mocidade e, em seguida, para o engajamento no trabalho.

O atrativo que outros setores sociais exercem sobre o adolescente e os compromissos escolares ou afetivos são, de modo geral, apontados como causas para o seu afastamento das atividades espíritas, mas acredito que esse quadro pode mudar, se houver um empenho sério dos dirigentes da Instituição para criar uma ambiência que gere no jovem motivação, senso de responsabilidade e consciência da importância desse envolvimento, para a obtenção dos seus objetivos na encarnação atual. A criação de setores que se especializem em estudos destinados a encontrar esse caminho é providência inadiável, se pretendemos educar para o amor.

Os fenômenos psíquicos na adolescência

Segundo a visão da Ciência, o desenvolvimento da capacidade para a procriação ocorre na puberdade, pela ação do hipotálamo, mas a nossa visão desse processo pode ampliar-se muito com a contribuição de Alexandre, um dos instrutores de André Luiz.[53] Afirma Alexandre que a epífise ou pineal é a glândula da vida mental. Até a puberdade, essa glândula permanece

53 XAVIER, Francisco Cândido. *Missionários da luz.* Pelo Espírito André Luiz. Cap. 2.

mais ou menos estacionária e, nessa fase, começa a funcionar, reabrindo seus mundos maravilhosos de sensações e impressões na esfera emocional. A criatura reencarnada então recapitula a sexualidade, examinando o inventário de suas paixões vividas em outras encarnações.

Essa vivência psíquica se expressa por fortes impulsos. Segundo as informações espirituais, a Ciência ainda não tem conhecimento da ascendência dessa glândula sobre todo o sistema endócrino, porque a sua ação se exerce pela produção de *hormônios psíquicos* ou *unidades-força*, que são elementos da esfera perispiritual, fugindo, portanto, aos limites alcançáveis pelos instrumentos de perquirição da Ciência. Antes do hipotálamo, por conseguinte, é a ação da glândula pineal que desencadeia o processo, e, por sua vez, essa ação tem sua causa em automatismos profundos do corpo energético ou perispírito. Essa nova visão propiciada pelos Espíritos pode aclarar alguns enigmas da crise que a criatura enfrenta na adolescência.

Considerando ainda os recentes estudos psíquicos citados por Jayme Cerviño, pode-se inferir a existência de psicorreceptores subcorticais, responsáveis pela transformação de energia não-física em energia nervosa.[54] Combinando essa informação com as oferecidas por Alexandre, podemos perceber a glândula pineal como esse ponto de ligação entre as duas realidades da vida: a física e a espiritual.

---

54 CERVIÑO, Jayme. *Além do inconsciente*, cap. II.

Esse conhecimento poderá nos esclarecer quanto à freqüência com que encontramos os fenômenos de efeitos físicos na puberdade. O indivíduo atravessa uma fase marcada pelo despertar da glândula pineal e pelas transformações físicas conseqüentes desse despertar, podendo manifestar evidências da mediunidade, se ela estiver em sua programação de vida e, ainda que a mediunidade não esteja nos planos de vida do indivíduo, a dissociação energética, que faz parte desse processo, facilita a produção dos fenômenos que dependem da liberação do ectoplasma. A eclosão desses fenômenos na adolescência não significa que a criança deva participar de trabalhos mediúnicos, pois a ocorrência pode ser transitória e cessar, tão logo o organismo entre em outra fase mais estável do seu desenvolvimento.

Essa é também uma das causas por que tantos jovens, nessa fase, "brincam" com "o fenômeno do copo" ou outros similares. São brincadeiras um tanto perigosas que consistem em entrar em contato com os Espíritos, utilizando copos, letras do alfabeto, chaves, livros, etc. Os jovens se reúnem e fazem uma evocação sob forma de prece e o copo se movimenta sem contato, indicando as letras que compõem as respostas às perguntas que são formuladas. Sabemos que os movimentos do copo são produzidos com utilização de energia ectoplasmática dos próprios adolescentes, mas por trás disso pode estar a presença invisível de um Espírito que se aproveita da situação para manifestar-se.

Outra variante dessa é a brincadeira de se amarrar um livro a uma chave, que será apoiada nos dedos de dois jovens, ficando o livro pendurado. Com a evocação, o livro gira, de acordo com código previamente estabelecido: uma volta, significa sim; permanecer imóvel, significa não. Também aí, os movimentos serão produzidos com utilização da energia que o grupo oferece, mas a possibilidade da interferência de uma inteligência estranha é real. A prova disso é que se obtêm muitas vezes respostas, cujos conteúdos não são do conhecimento de nenhum dos jovens presentes. Além disso, algumas vezes, o objeto "teima" em permanecer ativo, embora o desejo manifesto dos participantes de encerrarem a brincadeira, demonstrando que há uma vontade que se contrapõe à dos elementos visíveis.

O perigo está em que essas individualidades, não sendo Espíritos elevados, não têm nenhum compromisso com a verdade. Adverte Allan Kardec que "as evocações feitas estouvadamente e por gracejo constituem verdadeira profanação, que facilita o acesso aos Espíritos zombeteiros ou malfazejos".[55] Encontramos aí uma porta que se abre à obsessão, fenômeno estudado com profundidade pelo Espiritismo e que se resume na interferência que um Espírito mau pode exercer sobre um indivíduo encarnado, levando-o a desequilíbrios físicos ou psíquicos graves.

Precisamos retomar aqui a nova visão do homem que a ciência espírita possibilita para entender mais adequadamente diversas questões pertinentes a essa fase: o

[55] KARDEC, Allan. *O Livro dos Médiuns*, item 222.

homem é um ser tríplice, formado por *alma*, *perispírito* e *corpo*. O corpo físico e o perispírito são produtos do fluido cósmico universal, são concentrações desse fluido que servem ao espírito. A alma ou espírito é a individualidade imortal, sensível, dotada de livre-arbítrio e vontade, contendo em si, no estado de gérmen, toda a perfectibilidade.

O foco de inteligência, que é a alma, atrai a si elementos do fluido cósmico universal que comporão seu corpo energético ou perispírito. Esse organismo invisível aos nossos olhos acompanha a alma em toda a sua viagem pelos caminhos evolutivos, conservando todo o automatismo necessário à ordenação da matéria mais densa, quando ocorre a encarnação. Quanto mais evoluída a alma, mais sutis serão os elementos atraídos por ela, resultando daí que a constituição do perispírito é diferente em cada ser. O grau de densidade perispiritual, por sua vez, determina o grau de identificação da individualidade com a matéria mais compacta do corpo físico, quando encarnada.[56]

Nas extremidades de uma escala imaginária, poderemos perceber, de um lado, que um Espírito bastante inferior, ao encarnar, estará plenamente identificado com a matéria mais densa e terá como objetivo principal, ao longo da vida, satisfazer às próprias necessidades; sua irradiação atrairá individualidades semelhantes e, em torno dele, gravitarão inteligências também apri-

56 KARDEC, Allan. *A Gênese*, cap. XIV: "Formação e propriedades do perispírito", itens de 7 a 12.

sionadas ao império das sensações mais grosseiras que o corpo pode propiciar. Do outro lado, um Espírito já sublimado, mas em missão na Terra, não revelará nenhuma identidade com a matéria e, desde cedo, buscará atividades que lhe possam propiciar os prazeres da alma; sua aura atrairá individualidades também interessadas no aperfeiçoamento do ser humano que lhe inspirarão pensamentos superiores e intuições orientadoras da sua missão. Entre os dois extremos, inúmeras gradações se tornam possíveis e não há como detalhá-las. O importante é entendermos que somos representantes visíveis de uma equipe invisível que nos acompanha e, se queremos conhecer esses acompanhantes, só temos que analisar com cuidado nossas tendências e os pensamentos predominantes em nossa mente.

A maioria dos Espíritos encarnados na Terra permanece nas posições intermediárias dessa escala imaginária, o que significa que, mesmo que não sejam individualidades intrinsecamente más, não são também inteligências sublimadas, estando, portanto, ainda sujeitas às más influências, tanto de encarnados como de desencarnados. Sendo a adolescência uma etapa importante na determinação dos caminhos do indivíduo, porque é quando ele define sua profissão e escolhe seu parceiro ou parceira de vida afetiva, nunca será demais lembrar o cuidado que se deve ter em observar o adolescente, seus companheiros visíveis e invisíveis, se pretendemos apoiá-lo em seu desenvolvimento nesta encarnação, não só para que seja um bom cidadão, mas principalmente para que possa cumprir a tarefa que o trouxe de novo à vida.

A história do Espiritismo nos apresenta inúmeros médiuns adolescentes. Em Hydesville, vilarejo do estado de Nova Iorque (EUA), em 1848, as irmãs Fox: Margaret (14 anos) e Kate (11 anos) inauguraram o código que permitiu o início das comunicações com os Espíritos. Na França, Allan Kardec toma conhecimento de sua alta missão, pela mediunidade da Srta. Japhet. O chamamento é confirmado posteriormente pela mediunidade da jovem Alline C... Mais tarde, toma contato com o fenômeno da escrita direta por intermédio da cesta, pela mediunidade das meninas médiuns da família Baudin. Miss Florence Cook, com a qual William Crookes realizou a sua série clássica de experiências, era uma jovem de apenas 15 anos.

Há pessoas que ficam confusas quando se deparam com o problema da manifestação mediúnica em sua família, sobretudo se ocorre com crianças ou adolescentes. Se não são espíritas, terão até mesmo dificuldade para interpretar os fatos que a vida lhes coloca ante os olhos, mas, mesmo entre os espíritas, encontramos a desorientação nesses casos. É bom entendermos, a partir do estudo espírita, que não devemos interpretar as ocorrências normais de fenômenos mediúnicos na infância ou adolescência como indícios da necessidade de encaminharmos nossos filhos às reuniões de desenvolvimento mediúnico. A participação em reuniões desse tipo pode provocar excitação da imaginação e abalos psíquicos que seriam perniciosos a um indivíduo ainda em formação e sem maturidade para julgar os fatos com conhecimento de causa.

Se a faculdade é espontânea, ela será encarada com naturalidade pela criança, que não fará disso um problema. Não devem os pais também fazer nenhum alarde ou demonstrar excesso de preocupação, como também não devem desconsiderar as informações que o filho lhes traz, interpretando-as como fantasias ou mentiras. Muitos adolescentes se vêem diante de dificuldades que não conseguem superar sozinhos e não se sentem encorajados a buscar ajuda nos pais, por não sentirem, da parte deles, a necessária receptividade.

Algumas ocorrências de desdobramento durante o sono físico, freqüentes na adolescência, são mesmo assustadoras, porque, embora a consciência esteja conservada, o corpo em transe letárgico não permite qualquer movimento. A pessoa tem noção de que não está dormindo, mas não sabe dizer em que estado está, pois não consegue abrir os olhos, mover a boca para falar e pedir ajuda, ou fazer qualquer movimento por menor que seja. O fenômeno pode ser agravado, se houver a presença de Espíritos inferiores na psicosfera familiar, pois eles tentarão se aproveitar da situação e, criando imagens aterrorizantes, procurarão instalar o desequilíbrio. O fenômeno de desdobramento, geralmente, não dura mais que alguns segundos, mas abala consideravelmente e, dependendo das características que assume, pode levar o adolescente até a ter medo de dormir, a precisar de companhia constantemente, a sentir-se inseguro, perturbado e infeliz. Toda a família pode ser envolvida na dificuldade que então se estabelece.

Para resolver esse problema, a primeira providência será cuidar de melhorar o ambiente espiritual da família, pela vigilância nas conversações, evitando-se o palavreado inconveniente, o xingamento, as explosões de raiva; buscar a harmonia nas relações familiares, pelo diálogo equilibrado e fraterno; iniciar o culto do Evangelho no lar, se ele ainda não foi instituído. O segundo passo é o encaminhamento do filho ao estudo espírita, colocando-o em um grupo adequado à sua idade, a fim de que ele possa informar-se e, aos poucos, adquirir condições para interpretar os fenômenos que lhe ocorrem.

Nos raros casos de manifestações mais ostensivas, devemos observar todos os fatos e oferecer condições para que o exercício da mediunidade se dê sob a orientação de pessoas experientes. Segundo depreendemos das informações kardequianas, a prática mediúnica requer habilidade, para que se possam evitar as mistificações provenientes da intenção má dos Espíritos inferiores.

Um grupo mediúnico, para estar livre dessas presenças, precisa preencher uma série de requisitos muito difíceis de se obterem em agrupamentos humanos. Isso nos leva a inferir que o grupo deve, portanto, ter maturidade suficiente para analisar com cuidado as manifestações e não se deixar envolver com facilidade pelas tramas bem urdidas dos Espíritos interessados em prejudicar o trabalho que se desenvolve, daí a necessidade da experiência, que só é possível depois de muito estudo e muitos anos de trabalho, razão por que o adolescente, caso precise exercitar-se mediunicamente, encaminhe-se a um grupo sério, cujo dirigente seja uma pessoa de profundo conhecimento doutrinário, dotado de bom senso e equilíbrio psíquico.

As instituições espíritas precisam estar preparadas para fornecer as orientações necessárias aos que as buscam, impulsionados por essas dificuldades e conflitos. Não basta manter palestras públicas semanais e reuniões mediúnicas fechadas, é preciso que se organizem grupos de estudos, para que se viabilize a formação de participantes com sólida bagagem de conhecimentos, e, posteriormente, instituam-se grupos de análise das produções mediúnicas que se realizam na Instituição. É pelo cuidado com esse aspecto que se defenderá a Casa Espírita das influências negativas, preservando a pureza da prática conforme preconizou Allan Kardec. Assim também estará a Instituição contribuindo para que as transformações básicas aconteçam na experiência dos indivíduos, levando-os a uma ampliação da própria consciência, a um conhecimento mais profundo de seu papel no mundo e à descoberta da validade do preceito máximo do Evangelho: amar a Deus e ao próximo.

O DESPERTAR DA SEXUALIDADE

A energia amorosa existe em todo o Universo e podemos percebê-la, tanto no magnetismo que existe entre os astros, quanto na afinidade que atrai os elementos químicos; tanto nas leis que regem a polinização nas plantas, quanto na força do instinto que determina a multiplicação da vida no reino animal; tanto no impulso que leva o homem e a mulher a escolherem uma vida em comum, quanto na união dos Espíritos que já atingiram a plenitude de ser e se tornaram Ministros diretos de Deus para a criação de mundos e galáxias.

Segundo Emmanuel, toda criatura ligada à Terra, seja encarnada, seja desencarnada, é portadora de magnetismo sexual, que é expressão da energia amorosa, só estando fora dessa regra os Espíritos já sublimados, que aqui se achem em missão, ou aqueles que se encontrem, temporariamente, ligados a corpos cujos cérebros deficientes bloqueiem a manifestação de seu potencial, por uma questão de expiação.[57] Essa energia, portanto, faz parte da economia psíquica das individualidades inteligentes que povoam o Universo, mas a expressão do sentimento assumirá conotações diferentes, dependendo do grau evolutivo da inteligência que a movimenta.

No homem, Espírito encarnado, é importante considerar a influência do corpo físico, organismo formado por milhões de células, seres vivos a serviço da inteligên-

[57] XAVIER, Francisco Cândido. *Vida e sexo*. Pelo Espírito Emmanuel. Cap. 24.

cia, mas que, obedientes aos automatismos adquiridos, geram impulsos que reagem sobre a alma. O perispírito, por sua vez, é um organismo energético não sujeito ao processo desagregador da morte e, por isso, guarda, com precisão, as conquistas já efetuadas pela alma em longas repetições de experiências, gravadas na forma de condicionamentos a se transmitirem automaticamente às células físicas.

> O instinto sexual, exprimindo amor em expansão incessante, nasce nas profundezas da vida, orientando os processos da evolução.
>
> Toda criatura consciente traz consigo, devidamente estratificada, a herança incomensurável das experiências sexuais, vividas nos reinos inferiores da Natureza.[58]

Podemos deduzir, a partir dos conhecimentos assimilados no estudo espírita, que os Espíritos, ao chegarem às culminâncias do progresso, manifestam amor sem mescla de sensualidade, mesmo quando encarnados, e que um Espírito inferior, ao contrário, devido à densidade perispiritual e aos condicionamentos que possui, ao unir-se a um corpo material, estará mais sujeito ao império das paixões, sendo impelido a manifestações de impulsos afetivos cheios de sensualidade. Entre essas duas condições extremas, há toda uma gradação que mal podemos imaginar.

Durante os primeiros anos de vida na Terra, o Espírito reencarnado está suscetível às influências transformadoras da educação. A glândula pineal, inibindo

[58] XAVIER, Francisco Cândido. *Vida e sexo*. Pelo Espírito Emmanuel. Cap. 24.

os impulsos que nascem dessas energias sexuais inerentes ao ser ainda em trânsito para a evolução, permite ao indivíduo a aparência da candura e da inocência, suscitando nos pais a ternura necessária a uma inter-relação mais propícia ao desenvolvimento da afetividade. Após essa fase, contudo, ocorrem as transformações do período da puberdade e, na intimidade da criança, o despertar da sexualidade determinará também uma recapitulação de sua própria história no que concerne aos envolvimentos afetivos, é "o exame do inventário de paixões já vividas".[59]

Esse fenômeno não traz à mente imagens das vidas pregressas, mas emoções que dão um novo colorido às inter-relações da vida atual. Essas emoções poderão gerar na criança fantasias sexuais relacionadas aos pais, quando as ligações entre esse Espírito e os Espíritos que, na vida atual, assumiram o compromisso de permitir-lhe o retorno à vida, fornecendo-lhe um novo corpo, tiverem sido, em outras encarnações, de natureza erótica.

Na verdade, dependendo de alguns fatores, como o grau evolutivo dos Espíritos envolvidos e a postura filosófica que adotem perante a vida, os efeitos dessas paixões vividas em encarnações anteriores poderão ter manifestações mais precoces, mesmo na primeira infância. A Psicologia batizou o fenômeno com o nome de complexo de Édipo (figura mitológica que se apaixonou pela própria mãe) ou complexo de Electra (paixão da filha pelo próprio pai). Hoje é comum se usar apenas a terminologia "complexo de Édipo" para

59 XAVIER, Francisco Cândido. *Missionários da luz.* Pelo Espírito André Luiz. Cap. 2.

qualquer caso de manifestação sexual de filhos em relação aos pais, sejam meninos ou meninas.

Alguns psicólogos tomam esse complexo como a causa dos desequilíbrios verificados em crianças na área da sexualidade, mas Jung observa, com propriedade, que não se justifica atribuir a ele a importância de um fato que até como causa, asseverando que "o complexo de Édipo é apenas um sintoma",[60] análise que podemos ratificar com base nas informações espíritas, porque, de fato, esse complexo é um sintoma indicativo do tipo de relacionamento que existiu entre essas individualidades no passado e isso se torna mais evidente quando verificamos que não ocorre a manifestação desse fenômeno em todas as criaturas. Vamos tentar descrevê-lo, à luz das informações espíritas, para alcançarmos uma compreensão melhor.

Consideremos uma situação hipotética, mas baseada em fatos que a vida nos mostra todos os dias: um casamento se desfaz devido à infidelidade de um dos cônjuges, suponhamos que o marido tenha encontrado fora de casa um outro afeto. Em nossa cultura, essa situação envolve sofrimentos intensos e gera até mesmo tragédias que podem culminar em suicídios ou assassinatos. Numa encarnação subseqüente, as três personagens dessa tragédia poderão se reencontrar na posição de pai, mãe e filha. O projeto de Deus é permitir uma reorganização dessas ligações afetivas, mas isso nem sempre ocorre, devido à inconsciência em que vivem as pessoas acerca das suas próprias motivações interiores.

---

[60]JUNG, Carl Gustav. Op. cit, cap. I.

Esse Espírito que está na posição de pai pode recapitular as emoções vividas no passado, desde o momento em que a filha nasce e, à medida que ela cresce, experimentar a ambigüidade de sentimentos em relação a ela. Dependendo do grau evolutivo em que se encontra essa individualidade que, na vida atual, assume a função de pai, essa recapitulação pode apresentar forte conotação sexual, devido à ascendência da matéria sobre o Espírito e, dependendo de sua postura filosófica, tais impulsos poderão ser fortemente recalcados e deslocados para o inconsciente. O fato de ser recalcado não significa que deixe de existir, por isso permanece esse conteúdo na psicosfera da família, podendo gerar reações tanto na esposa (ciúme, rejeição da própria filha, etc.) quanto na própria criança, que passa a manifestar extremo apego afetivo ao pai e desequilíbrios comportamentais que a Psicologia rotula genericamente como "complexo de Édipo".

É fácil imaginar que, quando essa criança atingir a puberdade e experimentar sua própria recapitulação do passado em forma de emoção, a situação poderá se tornar bem mais complexa e gerar conflitos acentuados, prejudicando a harmonia familiar e criando desequilíbrios que poderão manifestar-se como enfermidades psíquicas ou mesmo orgânicas, tanto na própria criança quanto nos pais. Essa situação hipotética aponta para um tipo de triângulo amoroso, mas existem incontáveis combinações possíveis e nuanças várias de reações emergentes desses laços do passado a desembocarem dentro das paredes do lar.

Seria impossível mencionar aqui todas as possibilidades que o relato anterior descortina. O remédio para esse problema, contudo, pode ser desde já recomendado: é a conscientização, isto é, o entendimento da situação e uma interpretação adequada dos próprios sentimentos por parte dos pais, para criarem uma psicosfera mais favorável ao crescimento dos filhos, eliminando as pressões inconscientes a se exercerem sobre eles. Isso dependeria primeiramente do conhecimento da lei da reencarnação e, depois, da disposição nos indivíduos envolvidos em buscar uma consciência mais plena de si mesmos. Infelizmente, a doutrina da reencarnação não faz parte das filosofias e religiões que predominam na cultura ocidental, e dói constatar que, mesmo no âmbito do Movimento Espírita, em que a idéia da reencarnação é aceita e divulgada, predomina uma atitude de inconsciência, porque as pessoas recuam diante da necessidade do autoconhecimento, preferindo manter um comportamento imaturo em suas próprias relações familiares e afetivas.

Ainda seria interessante destacar que, embora o nível evolutivo dos pais e sua posição filosófica possam permitir uma atitude positiva diante do conflito interior que estejam vivendo, a recapitulação emocional vai acontecer no adolescente e vai gerar confusão interna em seus sentimentos. Muitas mães se queixam de que o filho se torna arredio, calado ou agressivo nessa fase e não conseguem entender por que aquela criança tão conhecida, de repente esteja tão estranha. Tais atitudes do adolescente podem ser interpretadas como uma maneira de ocultar a própria dificuldade em lidar com os sentimentos contraditórios que agitam o seu psiquismo.

Não é de se estranhar que haja tanta modificação no comportamento do indivíduo nessa fase, que, afinal, representa, de fato, um novo nascimento, já que a infância está revestida de uma aparência forjada pela Natureza com propósitos definidos e importantes para a reeducação da alma. A puberdade, acordando as energias sexuais, oferece ao indivíduo um novo corpo com sensações desconhecidas e inquietantes.

O adolescente é muito sensível à sua imagem corporal, é freqüente encontrá-lo diante do espelho, espremendo cravos e espinhas e observando atentamente sua nova imagem, com dificuldade para se adaptar a ela. Embora isso seja transitório, cria uma série de problemas, interferindo até mesmo nas inter-relações do adolescente com o grupo de amigos e companheiros. O crescimento mais ou menos acelerado, o desenvolvimento ou não dos órgãos sexuais, tudo isso passa a ser critério de aceitação ou rejeição do indivíduo nos grupos de sua faixa etária, gerando conflitos nunca antes experimentados. Os pais, geralmente, desconsideram a dificuldade e tendem a minimizar o problema, não conseguindo criar uma atitude empática que permita ao adolescente buscar neles a ajuda de que necessita, para superar seus problemas.

A FAMÍLIA E OS MEIOS DE COMUNICAÇÃO – ELEMENTOS COMPLICADORES

Os inquietantes impulsos sexuais que surgem na puberdade aumentam a dificuldade do adolescente em nossa cultura, nestes tempos de transição: saímos de um período em que predominava uma moral rígida e um total silêncio acerca dos temas ligados ao sexo, para um momento de liberação de costumes, com a utilização ampla de motivos sensuais pelos meios de comunicação.

De um lado, o cinema e a televisão mostram abertamente, na linguagem visual, a experiência do amor erótico; do outro lado, a família e a escola, instituições encarregadas da educação e da orientação do jovem, ainda contaminadas pela moral rígida em vigor até bem pouco tempo, manifestam extrema dificuldade para dialogar sobre o assunto. Assim, o sexo, em nossa cultura,

> é reprimido como prática natural, boa, humana e estimulado e propagandeado como instrumento comercial ou pornografia. O conceito de sexualidade que resulta dessa ideologia pode prejudicar todo o desenvolvimento afetivo do indivíduo.[61]

A ausência de orientação adequada resulta em conseqüências que acabam atingindo mais duramente o jovem. Impelido a buscar a realização dos impulsos sexuais, tende ele a encontrar na prática habitual da masturbação ou no relacionamento inconseqüente com alguém tão pouco experiente quanto ele mesmo, o

---

[61] BECKER, Daniel. Op. cit., p. 33.

alívio para as pressões que experimenta. O final dessa história pode ser a viciação, a gravidez indesejada, o aborto e outras experiências que podem ser evitadas. Talvez o mais importante seja destacar aqui algumas informações que possam facultar aos pais o encontro de caminhos preventivos desses problemas.

A masturbação, por exemplo, é uma prática vista com muito preconceito, principalmente entre os que são orientados pelo pensamento religioso tradicional em nossa cultura. O sexo sempre foi apontado como fonte de pecado pelas religiões que se instituíram com base no Cristianismo. Não que isso tenha sido ensinado por Jesus, mas porque esse era o conceito vigente na tradição judaica fortemente misturada ao Cristianismo pelos seus primeiros divulgadores, que eram judeus.

Os especialistas no assunto não encontraram fundamento para a crença comum de que a prática da masturbação levaria à fraqueza, doenças e problemas mentais. O que conseguiram observar é que, exatamente pelos fatores culturais ligados aos valores morais antigos e arraigados em nossa cultura, ela pode associar-se a sensações de angústia, culpa e medo. O problema então não estaria na prática em si, mas naquilo que o pensamento realizaria a partir dela.

Utilizando a perspectiva espírita na análise do problema, deduzimos que o conflito se estabelece na intimidade do indivíduo, provocado, de um lado, pelas pressões internas da sexualidade emergente, a exigir um canal de escoamento; de outro lado, pelo medo da punição subseqüente à prática masturbatória pelos preconceitos ainda vigentes no discurso dos educadores.

O desequilíbrio do pensamento e a forte carga erótica do momento vivido podem atrair individualidades invisíveis também desequilibradas e com fortes pendências nessa área. A interação energética desse teor pode gerar a repetição continuada e incontrolável da masturbação, levando o indivíduo a um esgotamento de energias vitais e a outros problemas ligados à influenciação por individualidades inferiores. Não seria a prática masturbatória a causa do condicionamento vicioso e do esgotamento energético, mas estaria essa causa na influenciação obsessiva, resultante do conflito interior que se estabeleceu no íntimo do indivíduo.

A atitude dos pais diante desse tema pode ser de fundamental importância para o adolescente. É nessa fase que vai ocorrer a integração das energias que estão emergindo de maneira forte e irreprimível. De um lado, a puberdade já desencadeou os mecanismos biológicos do desenvolvimento da sexualidade; de outro lado, emerge a carga erótica psicológica proveniente dos arquivos perispirituais. Dependendo do grau evolutivo do Espírito encarnado, essas pressões poderão ser mais ou menos fortes. A repressão indiscriminada, baseada em valores morais antigos, desconsidera essa diferença e ignora os fortes entraves que coloca ao desenvolvimento normal do indivíduo.

> A evolução do jovem em direção ao estabelecimento de sua sexualidade madura e completa é um processo complexo, às vezes difícil, cheio de conflitos e crises, e também de momentos maravilhosos de paixão, descoberta e realização.[62]

Há o perigo de que o indivíduo não consiga realizar esse desenvolvimento, persistindo a sexualidade desacompanhada do necessário amadurecimento emocional, o que seria um problema para toda a sua experiência afetiva subseqüente.

Se pretendemos educar para o amor, precisamos modificar nosso conceito de sexualidade e nossa relação com o corpo físico. Tradicionalmente visto pelas religiões instituídas como fonte do pecado, o corpo nos é apresentado pela Doutrina Espírita como precioso instrumento de realizações, por intermédio do qual nos inscrevemos nos cursos especializados que a vida terrena nos oferece, para galgarmos os degraus evolutivos necessários e atingirmos as culminâncias da evolução espiritual. Renovando nosso ideário pelo estudo espírita, teremos condições de orientar nossos filhos no meio de toda essa confusão que se estabeleceu em nossa sociedade, nesta fase de transição, ajudando-o a ver criticamente o problema, pelo diálogo acerca do lado prático e humano da questão da sexualidade. Desse modo, poderá ele aprender a aceitar-se e a definir a sua posição no mundo, poderá fazer escolhas e tomar decisões, assumindo a própria responsabilidade. Poderá, inclusive, compreender que as experiências humanas

62 BECKER, Daniel. Op. cit., p. 32.

estão pontilhadas de erros e acertos, dos quais temos que tirar as lições preciosas para o nosso próprio crescimento.

O RELACIONAMENTO ENTRE OS ADOLESCENTES – A PAIXÃO SOB UM NOVO PRISMA

Na adolescência, ao buscar de modo mais consciente a própria identidade, o indivíduo afasta-se do modelo dos pais e procura, então, identificar-se com os ídolos que a sociedade lhe oferece: cantores, desportistas, políticos. Por não ser mais criança e não ser ainda adulto, sente-se deslocado, e procura um grupo de indivíduos que esteja vivenciando os mesmos problemas. É a época de formação das *gangs* que, na ausência de uma correta orientação familiar, pode assumir proporções graves. É imprescindível que os pais já tenham desenvolvido uma comunicação produtiva com o filho adolescente, para que possam conhecer os ídolos com os quais ele está se identificando e saber quais as companhias que compõem o seu grupo. Se não houver, na família, interação afetiva e diálogo, surgirá a possibilidade de que influências negativas se fixem, levando o jovem ao caminho da marginalidade e da toxicomania.

Nessa integração entre indivíduos da mesma faixa etária, surgem as aproximações afetivas que podem resultar em relações de companheirismo mais ou menos duradouras ou em namoros. Essa é uma etapa fundamental para o aprendizado do amor. A emersão dos impulsos sexuais pelo desenvolvimento natural do organismo e pela recapitulação das emoções vividas em outras vidas no campo da interação amorosa, que estão nos arquivos perispirituais, transformam a relação do indivíduo com os do sexo oposto. O adolescente penetra num mundo mágico, cheio de experiências inesperadas e empolgantes. Mesclam-se momentos de esperança, temor, êxtase, depressão, ternura, desejo; sentimentos de atração e repulsa.

Todas essas emoções precisam mesmo ser experimentadas para que o indivíduo alcance o amadurecimento emocional que o levará a outras etapas do crescimento interior. Se pretendemos educar para o amor, precisamos construir uma nova visão da sexualidade e das emoções que se seguem ao seu despertar na experiência do adolescente, aprendendo a ver no namoro outros fatores situados além do quadro que nossos olhos físicos podem alcançar.

Os Espíritos informaram a Kardec que, além da simpatia oriunda da semelhança entre as criaturas que alcançaram o mesmo nível de evolução, há também, a unir os Espíritos, afeições particulares, assim como ocorre entre os homens, mas esclarecem que essas afeições, no mundo espiritual, são mais intensas, porque não sofrem os prejuízos provenientes das paixões que se apresentam na experiência humana, devido à influência do corpo físico.[63] Essa informação, para ser compreendida adequadamente, vai exigir a análise de outros textos e o esforço de reflexão, para deduzir deles uma visão de conjunto.

---

63 KARDEC, Allan. *O Livro dos Espíritos*, questão 291.

Uma primeira abordagem pertinente é a análise da inferência que se pode fazer, principalmente com base em preconceitos culturais, de que a paixão seria um elemento negativo na vivência humana e, por isso, deveríamos combatê-la tenazmente e sufocá-la. Nos meios religiosos, esse é, de modo geral, o teor dos discursos sobre o assunto, porque prevalece, nesse contexto, uma idéia negativa acerca do corpo físico (fonte perene de pecados). Se já assimilamos, pelo estudo da Doutrina Espírita, uma nova visão desse instrumento que a Providência Divina nos concede para nossa evolução, temos que aprofundar mais nosso estudo e buscar outros caminhos de entendimento da paixão.

Depreende-se, do texto ditado pelos Espíritos e das observações de Kardec, que as paixões nascem em sentimentos e necessidades naturais da alma e, por isso mesmo, não são intrinsecamente más. Elas, na verdade, representam verdadeiras alavancas que podem multiplicar por dez a energia humana na direção dos objetivos colimados pela criatura, resultando, assim, em recursos valiosos que podem levar o homem a grandes realizações. Advertem, contudo, os Espíritos reveladores que o abuso delas gera o mal e, para nosso correto entendimento, usam uma metáfora, comparando as paixões aos cavalos, que são úteis, quando dominados pelos homens, e perigosos, quando não controlados.[64]

Não precisamos, portanto, mortificar nosso corpo físico na tentativa de eliminar os impulsos que nascem

[64] KARDEC, Allan. Op. cit., questões 907 a 912.

das paixões. Se conseguíssemos suprimir as paixões, na melhor das hipóteses, estaríamos desperdiçando preciosa quota de energia que pode ser aplicada de maneira mais adequada. A grande questão, contudo, é que, com tais procedimentos, não conseguimos eliminá-las, apenas as reprimimos e deslocamos para o inconsciente, de onde passam a exercer influência disfarçada sobre nosso psiquismo, ocasionando desequilíbrios e neuroses.

Com esses novos conceitos, percebemos que os prejuízos que as paixões podem gerar ao desenvolvimento da interação afetiva entre os encarnados decorrem da carência de educação do sentimento: como estamos em um nível evolutivo em que a matéria ainda tem grande ascendente sobre o Espírito, deixamo-nos controlar pelas paixões e tornamo-nos criaturas impulsivas, inconseqüentes, ciumentas e possessivas, ao invés de nos adestrarmos para a administração de tão poderosas fontes de energias anímicas.

Precisamos preocupar-nos com a nossa educação no que concerne à afetividade e, assim, estaremos propiciando aos nossos filhos um exemplo significativo para sua própria educação afetiva. Essa ação do indivíduo, para educar-se, decorre de uma decisão consciente nesse sentido, quando começa a existir uma visão crítica dos comportamentos culturais ligados às manifestações amorosas. O problema foi admiravelmente expresso na seguinte proposição: "Não podemos aprender a nos apaixonar, isso nascemos sabendo, mas é preciso aprender a se deixar apaixonar".[65] Nessa afirmativa está sintetizada a questão dos impulsos que fazem parte da nossa bagagem psíquica e a questão dos condicionamentos culturais que bloqueiam a emersão desses impulsos indiscriminadamente.

Para essa aprendizagem, portanto, teremos que vencer preconceitos e condicionamentos culturais ainda muito fortes, mas a vontade pode superar os obstáculos e podemos obter preciosa ajuda pela oração. Só o faremos, todavia, se verdadeiramente compreendermos a importância desse passo para a construção de uma cultura em que as manifestações do amor sejam aceitas com mais naturalidade que as do ódio. Em nossa sociedade, um casal que manifesta publicamente seu amor incomoda mais que duas pessoas a se agredirem.

Ampliando nossa concepção de namoro, Roberto Freire e Fausto Brito mostram que "a pessoa que namora quer se relacionar dinâmica e dialeticamente com as outras pessoas e coisas, não aprisioná-las, imobilizá-las, apossar-se delas".[66] Percebemos em seu texto que eles utilizam o verbo namorar com uma conotação mais ampla, caracterizando o comportamento de quem está amorosamente no mundo, isto é, a pessoa capaz de se relacionar positivamente com os que a rodeiam, sejam homens, mulheres, crianças ou velhos; alguém que vive intensamente cada minuto, que aprecia com prazer uma obra de arte, que luta pelos seus

---

[65] FREIRE, Roberto e BRITO, Fausto. *Utopia e paixão*, cap. 10.
[66] Id., ibid.

ideais: que não se conforma com as amarras do dogmatismo e dos preconceitos. Seria, em suma, uma pessoa enamorada da vida.

Nesse sentido, de fato, todos nós precisamos aprender a namorar. Na verdade, se conseguíssemos assimilar isso, seríamos verdadeiramente criaturas apaixonadas, no sentido positivo de apaixonar-se, e utilizaríamos o potencial energético poderoso da paixão para transformar o nosso mundo em algo muito melhor.

A QUESTÃO DO NAMORO

Para aprofundar nossa análise da questão, busquemos a contribuição de Emmanuel. Ele trabalha com uma definição de namoro mais restrita, focalizando exatamente o momento que queremos destacar aqui. Segundo ele, o namoro é um período que se traduz por suave encantamento e precede a integração de duas criaturas para a comunhão sexual.[67] Pelos conhecimentos que a Doutrina Espírita nos faculta, entendemos que esse *suave encantamento* nasce da interação entre essas duas pessoas, cujos pensamentos estão reciprocamente vinculados nesse momento de suas vidas, resultando num fenômeno de complementação magnética que causa prazer. É natural que essa interação desperte os impulsos sexuais e o desejo de vivenciar em toda a sua profundidade essa emoção.

Para que cada um dos indivíduos envolvidos possa, contudo, viver a experiência sexual em seus aspectos

[67]XAVIER, Francisco Cândido. *Vida e sexo*. Pelo Espírito Emmanuel. Cap. 3.

positivos, é importante que já tenham alcançado certo grau de maturidade e noção das responsabilidades que estão aí envolvidas. Pela perspectiva espírita, compreendemos que esse encantamento entre duas pessoas resulta de diferentes causas que podemos resumir assim:

1. Planejamento elaborado antes da atual encarnação;

2. emersão de *lembranças* de encontros sexuais em outras encarnações;

3. cumplicidade em ações passionais de outras vidas;

4. harmonização das irradiações anímicas devido à afinidade entre as duas almas.

Embora as causas sejam diferentes, os efeitos podem se assemelhar, isto é, um jovem sente-se atraído e encantado por outro, pelas ligações existentes entre eles no passado. Os fatos do passado podem ter sido vivenciados de maneira diferente por eles, mas as emoções que emergem então, vividas em regime de reciprocidade, são, por isso mesmo, interpretadas como provenientes de um profundo e duradouro amor.

Acrescente-se a isso a possibilidade da influência dos Espíritos ligados a um ou a ambos e que, pela necessidade que sentem de renascer, projetam vibrações que acentuam nos enamorados o desejo de interação sexual. Logicamente, acontecendo a união dos sexos, esses Espíritos terão a chance do retorno à vida. Mas podem esses jovens descobrir mais tarde que, na verdade, foram tomados pela paixão que não souberam controlar e acabaram assumindo responsabilidades para as quais ainda não estavam preparados. Esse é um quadro que se desenha nitidamente na experiência dos que estão enfrentando o problema da gravidez na adolescência.

A partir daí, descortinam-se vários caminhos, mas todos crivados de dificuldades. Um deles é a opção pelo aborto, com todo o cortejo de sofrimento que pode acarretar, tanto físico quanto espiritual; o outro é o casamento fadado ao insucesso, pela inexperiência e imaturidade dos adolescentes, somadas às interferências dos pais, que serão na realidade os financiadores da aventura; uma terceira alternativa é os pais da menina assumirem a educação da criança, exigindo da filha uma série de condições que podem ir do compromisso de abster-se de outros relacionamentos, enquanto estiver na dependência deles, até à exigência de abandono dos estudos, para ser babá do próprio filho; outra seria esses jovens assumirem a responsabilidade de criação do próprio filho, partindo para o mercado de trabalho, sem terem ainda atingido um nível de profissionalização que lhes permita encontrar um bom emprego.

Nenhuma dessas soluções se mostra plenamente satisfatória para os envolvidos, sobretudo para aquele que renasce, por ter que conviver com a turbulência dos conflitos psicológicos que prejudicarão acentuadamente seu crescimento. A última opção, embora possa parecer, a princípio, a mais adequada, pode ocasionar muitos ressentimentos entre os jovens pais, que se acusarão mutuamente, ao longo da experiência em comum, pelas frustrações profissionais e dificuldades materiais que precisarão enfrentar.

Se conseguirmos um diálogo franco e aberto com nossos filhos, poderemos apresentar-lhes essas informações e discutir com eles a questão tão controvertida e propagada do "amor livre". Bem disse Chico Xavier: "Se é livre, não pode ser amor, porque o Amor é com responsabilidade".[68] O melhor caminho é o uso da sexualidade com a consciência dessa responsabilidade. E é exatamente a atitude responsável dos jovens enamorados que mostrará aos Espíritos a eles ligados que haverá uma oportunidade para a reencarnação mais à frente, em condições muito mais propícias ao bom êxito do projeto que os traz de volta à vida carnal.

Recursos espíritas para a auto-educação afetiva

Precisamos ter muito tato no diálogo com os adolescentes sobre essas questões, porque o jovem tende a acreditar que é maduro bastante para decidir quanto à própria vida e que está consciente da sua escolha. Entretanto Jung, introduzindo os conceitos de *anima* (conjunto de características psicológicas femininas que constituem elemento minoritário dentro do homem) e *animus* (conjunto de características masculinas dentro

[68]SILVEIRA, Adelino da. *Chico, de Francisco* – "A Terceira Resposta".

da mulher), observa que cada criatura carrega dentro de si mesma um modelo ideal do sexo oposto e, ao fazer a escolha do companheiro ou da companheira, projeta sobre o outro essa imagem ideal.

Tal atitude impede que o indivíduo veja o outro como ele é verdadeiramente, permitindo que apenas veja aquilo que possa contribuir para confirmar sua projeção. Afirma mesmo o famoso psicanalista suíço, ao falar sobre o casamento, que

> [...] o jovem tem um conhecimento incompleto tanto de si mesmo como do outro; por isso também conhece de modo insuficiente os motivos do outro como também os próprios. Na maioria das vezes o jovem costuma agir levado apenas por motivos inconscientes.[69]

Pela observação feita acima sobre as causas para o encantamento que envolve os enamorados, podemos ratificar essa assertiva de Jung.

E aí está um dos fatores que levam às escolhas equivocadas do companheiro ou companheira, feitas ao sabor da paixão. O sofrimento conseqüente a esse equívoco acontece mais tarde e resulta em grandes dificuldades na vida conjugal.

De que recursos podemos dispor, portanto, na tarefa difícil de apoiar os jovens, diante dos problemas pertinentes aos relacionamentos amorosos, sem escolher o caminho aparentemente mais fácil da repressão, das proibições e do policiamento de todos os seus atos?

[69]JUNG, Carl Gustav. Op. cit., p. 196.

Precisamos mostrar a eles, em primeiro lugar, que o amor é uma realidade no Universo, mas que esse envolvimento afetivo apresentado pela nossa cultura como amor está longe dele. Robert Johnson, partindo dos estudos iniciados por Jung, escreveu um livro para mostrar as diferenças entre o que ele chama de *amor romântico* e o verdadeiro amor. Ele apresenta o *amor romântico* como um fenômeno de massa peculiar ao Ocidente, composto por uma combinação de ideais, crenças, atitudes e expectativas que irromperam durante a Idade Média e coexistem em nosso inconsciente, dominando nosso comportamento e nossas reações. Isso nos leva a predeterminar "como deve ser um relacionamento com outra pessoa, o que devemos sentir e mesmo o que devemos 'lucrar com isso'"[70] (destaque do autor).

O comportamento que caracteriza o *amor romântico* na cultura ocidental tem prejudicado muito o desenvolvimento da afetividade entre as criaturas, porque tende às manifestações do egoísmo, do sentimento de posse, do ciúme, da relação afetiva exclusiva, isolada, fechada. As pessoas que se deixam levar por esse condicionamento cultural estão fadadas à infelicidade, porque jamais estarão satisfeitas com seu parceiro (ou parceira), tenderão sempre a cobrar dele (ou dela) que seja o reflexo de sua imagem ideal interior; estarão sempre buscando, em novos relacionamentos, esse ideal impossível; serão sempre prisioneiras de suas

[70]JOHNSON, Robert A. *We: a chave da psicologia do amor romântico*, p. 13.

próprias paixões. Os jornais estão cheios de notícias trágicas que têm sua origem na inconsciência com que as pessoas lidam com os impulsos oriundos de seu mundo interior contaminado por esse mito.

O amor verdadeiro é, por sua própria natureza, o oposto do egoísmo, ninguém o caracterizou melhor que Paulo de Tarso, na *1ª Epístola aos Coríntios*, ao falar da fé, da esperança e da caridade. De seu texto, podemos depreender que o amor é paciente, é bom; o amor não inveja; o amor não se vangloria e não se envaidece... O amor não procura seus próprios interesses, não se irrita, não folga com a injustiça... Suporta todas as coisas, crê em todas as coisas, espera por todas as coisas, resiste a todas as coisas.

Ele permite que as pessoas envolvidas vejam o valor uma da outra, compartilhem experiências, encontrem significado nas tarefas simples da vida em comum, encorajem-se mutuamente a serem elas mesmas. Precisamos trabalhar para desenvolver esse sentimento em nós. Já o trazemos de forma latente, uma vez que somos criaturas de Deus, que é verdadeiramente Amor, mas estamos na contingência de fazer essa semente brotar pelo nosso esforço consciente e perseverante na busca do autoconhecimento, para que possamos identificar nossos motivos interiores e analisar, com clareza e adequação, o que devemos corrigir em nossa vivência do afeto.

Podemos discutir isso tudo com os jovens e tentar encontrar junto com eles os caminhos que nos levem (nós adultos também) a vencer o pesado fardo dos preconceitos e dos condicionamentos culturais, para colocar em nossas vidas a experiência do verdadeiro amor. Com isso,

> podemos aprender que o relacionamento humano é inseparável da amizade e do compromisso. Podemos aprender que a essência do amor não é usar o outro para a nossa felicidade, mas sim servir e encorajar aquele que amamos; e, finalmente, poderemos descobrir – para a nossa surpresa – que o que mais necessitamos não é tanto sermos amados, mas sim amar.[71]

Em segundo lugar, deveríamos desenvolver um esforço consciente para educar e disciplinar o nosso pensamento, descobrindo na meditação e na mentalização os recursos adequados para isso. Se nos dispusermos a fazê-lo, não deveremos esperar até nos tornarmos mestres no assunto para ensiná-lo aos nossos filhos. Ao contrário, seria interessante convidá-los a empreender ao nosso lado essa aprendizagem. Com isso, estaremos ainda atuando positivamente para melhorar o inter-relacionamento em nossa família, principalmente porque essa atitude, por revestir-se de humildade, sedimentaria a afeição já existente, eliminando aquele resquício de autoritarismo inerente à função de pais em nossa cultura.

A meditação nos levaria a ampliar nosso autoconhecimento, pela identificação dos pensamentos que nos são próprios, auxiliando-nos a distingui-los daqueles que nos são sugeridos por outrem, o que nos

[71]JOHNSON, Robert A. Op. cit., p. 13.

permitiria censurar as idéias que pudessem suscitar desequilíbrios, antes que elas se fixassem em nossa mente – esse o sentido da vigilância recomendada por Jesus. Pela mentalização, canalizaríamos todo o potencial energético que possuímos, de modo disciplinado, direcionando-o conscientemente para a construção mental da realidade nova que precisamos instituir: o mundo renovado, onde o bem prevalecerá sobre o mal, onde existirá o amor verdadeiramente.

O terceiro passo seria desenvolver o quanto antes o hábito saudável de buscar, pela oração, o concurso daqueles que podem ver muito além dos limites das nossas percepções. A oração nos facultaria recursos energéticos para superar a força de inércia que nos mantém acomodados ao contexto cultural em que vivemos, amarrados aos dogmas e preconceitos que impedem o exercício da liberdade mais preciosa – a liberdade de pensamento.

Conjugando meditação, mentalização e prece, estaremos encontrando os caminhos da disciplina mental e da interação com as energias positivas dos que objetivam auxiliar o nosso crescimento espiritual, e podemos vivenciar isso em família, preparando nossos filhos para instituírem, por sua vez, famílias também renovadas, buscando assim atingir o objetivo da Doutrina Espírita: modificar as massas pela renovação do indivíduo.

Juventude – Tempo de fazer escolhas

"Temos, todos que vivemos,
Uma vida que é vivida
E outra vida que é pensada,
E a única vida que temos
É essa que é dividida
Entre a verdadeira e a errada."

FERNANDO PESSOA

Definindo a parceria amorosa – A tese das almas gêmeas

Ao discutir os caminhos da aprendizagem do amor na juventude, destaca-se o fato de ser nesse período que ocorre a escolha do companheiro ou da companheira para a vivência amorosa. A informação dos Espíritos a Kardec de que existem afeições particulares no mundo espiritual[72] traz à mente outra questão pertinente ao amor: é a que se refere às almas gêmeas, idéia que gera sempre inúmeras controvérsias. O que haverá de verdadeiro nessa proposição? Não resultaria a concepção das almas gêmeas também daquela projeção da imagem ideal do indivíduo do sexo oposto que trazemos em nosso inconsciente (*anima/animus*), conforme assinala Jung?

Busquemos inicialmente algumas informações históricas. A proposição das almas gêmeas, no Movimento Espírita, surgiu assim: a 31 de outubro de 1939, pessoas que se reuniam no Grupo Espírita "Luís Gonzaga" (Pedro Leopoldo, MG) decidiram, com a

[72]KARDEC, Allan. *O Livro dos Espíritos*, questão 291.

orientação de amigos espirituais, ampliar seus conhecimentos, propondo ao Espírito Emmanuel, pela mediunidade de Chico Xavier, questões sobre diversos temas doutrinários. Mais tarde, veio o trabalho de seleção das diversas questões e seu ordenamento, configurando uma obra que foi oferecida ao público no início do ano seguinte. Essa obra é *O Consolador*,[73] que representa preciosa contribuição aos estudos espíritas, oferecendo informações importantes relativas a diversos campos da cultura.

Na terceira parte desse livro, no capítulo III, intitulado "Amor", são reunidas as questões propostas sobre *união*, *perdão* e *fraternidade*. Dentro do item União, perguntaram a Emmanuel se seria verdadeira a teoria das "almas gêmeas", essa foi a pergunta de nº 323 e, a partir da resposta afirmativa de Emmanuel, seguiram-se as questões 324 a 328, também sobre o mesmo tema, compondo essa interessante tese que tem suscitado freqüentes polêmicas dentro do Movimento Espírita.

É preciso lembrar que, além das discussões, a tese também motivou comportamentos. Muitas pessoas aceitaram tanto a tese, que começaram a procurar avidamente suas almas gêmeas. Outros companheiros rejeitaram inteiramente a tese, considerando que houve falha na recepção do médium, erro do amigo espiritual que ditou o texto ou que essa visão seja algo muito

---

[73]XAVIER, Francisco Cândido. *O Consolador*, FEB.

pessoal e particular desse Espírito, pela vivência de um grande amor ao longo dos séculos. Emmanuel mesmo nos conta essa história de amor em vários romances que psicografou por intermédio de Chico Xavier. Acredito, contudo, que a tese das almas gêmeas pede uma análise mais profunda que nos pode levar ao entendimento de inúmeras questões relacionadas à afetividade.

O primeiro ponto de estudo surge na "Nota à primeira edição" inserida no final do livro mencionado. A equipe responsável pela edição e divulgação da obra, preocupada com a fidelidade aos princípios codificados por Allan Kardec, propõe a Emmanuel, autor da tese, um questionamento em que identificam a *tese das almas gêmeas à teoria das metades eternas*, que é examinada em *O Livro dos Espíritos*.[74] Lembramos, a propósito desse tema, que os Espíritos reveladores não ratificam a teoria das "metades eternas", considerando que não existe união particular e fatal entre duas almas. Allan Kardec acrescenta um comentário ao final das perguntas, afirmando que a expressão "metades eternas" deve ser tomada como uma metáfora, uma figura que simboliza a união de dois Espíritos simpáticos.

Nesse ponto, é preciso concordar com o texto da referida nota de questionamento ao autor espiritual inserida no final do livro *O Consolador*, mas existe tam-

[74]KARDEC, Allan. *O Livro dos Espíritos*, questões 298 a 303.

bém ali uma argumentação que merece análise mais detalhada. Argumenta-se que

> esta teoria, ou hipótese [das almas gêmeas], afigura-se-nos aqui algo obscura. Não satisfaz, e, da forma por que é apresentada, parece-nos ilógica e contraditória. De fato, essa criação original, dúplice, induz a concluir que as almas surgem incompletas. É ilação incompatível com a onisciência de Deus. [...]

Acrescenta a nota que tal idéia é recusada por Kardec, que a afinidade espiritual deve ser extensiva a todas as criaturas e, ao final da argumentação, afirma que, se a teoria não se aplica a Jesus, deixa de ter cunho universal e, por isso, seu equacionamento torna-se desnecessário.

A resposta de Emmanuel a esse questionamento revela a envergadura desse Espírito, que vem orientando a mediunidade de Chico Xavier há tantos anos. Ele não se agasta com as observações críticas, reconhece a possibilidade de erro no trabalho a que se dedica, tanto que aponta um a ser corrigido em outro texto do mesmo livro, mas humildemente solicita a conservação da tese, asseverando que ela é mais complexa do que parece a princípio e que pode oferecer material valioso para estudos que interessam muito às criaturas na época em que vivemos. Em determinado ponto de sua resposta, ele diz: "[...] mesmo porque, com a expressão *almas gêmeas*, não desejamos dizer *metades eternas* [...]" (grifo nosso).

Tudo isso deve levar-nos a reflexões muito profundas, porque não podemos pretender que os Espíritos façam o trabalho que nos compete de análise, interpretação e compreensão das leis naturais. Eles já fizeram e continuam fazendo muito, assessorando-nos dentro dos limites possíveis, sem interferir em nossa liberdade de escolha. Vamos procurar, por conseguinte, utilizar nosso raciocínio para buscar um entendimento mais coerente dessas idéias.

Observemos inicialmente que Emmanuel apresenta seu texto como uma tese. Uma tese é uma proposição que admite impugnação e defesa; é o primeiro momento da dialética: método de investigação da verdade, cujo processo consiste em combinar e multiplicar a indução e a dedução, em transformação permanente. Pelo processo dialético, podemos alcançar o conhecimento que já existe dentro de nós e, assim, chegar às conclusões de que necessitamos, para ampliar nosso conhecimento sobre o tema em foco, possibilitando a abertura de outros caminhos de perquirição, porque, na verdade, não há como colocar um ponto final ao desejo de entender as coisas e o mundo que é inerente ao homem – ser em trânsito para a perfeição.

A teoria, ao contrário da tese, é um conjunto de conhecimentos que se propõe a explicar, elucidar, interpretar ou unificar um dado domínio de acontecimentos que se oferecem à atividade prática. É importante que percebamos a intenção de Emmanuel, ao situar seu texto como uma tese. Podemos inferir que ele pretende instituir uma discussão sobre o amor capaz de nos levar, pelo processo dialético, à compreensão de aspectos da afetividade não considerados pelas concepções humanas.

Ao analisar a afirmativa de Emmanuel de que com a expressão "almas gêmeas" não pretende dizer "metades eternas", precisamos partir da percepção de que as duas expressões são, na realidade, metáforas que representam a ligação entre homem e mulher pelo amor. Não se pode deixar de perceber a diferença acentuada entre uma e outra. O numeral *metade* sugere algo incompleto, que só se torna um inteiro se reunido à outra parte igual. Então, a teoria das metades eternas, realmente, não dá conta de explicar a questão da aproximação das almas e de sua união pelo amor, razão por que os Espíritos a rejeitaram, e o Codificador apenas a admite como uma figura que pode simbolizar a afinidade entre dois Espíritos: *são tão afins, que parece que um completa o outro, formando uma só individualidade.* Mas não se pode ir além disso e pretender que Deus tenha criado os seres pela metade.

Já o adjetivo *gêmea* traduz semelhança, identidade e simboliza mais apropriadamente a idéia da união de dois seres, pela simpatia e pela afinidade. Os dois seres são individualidades completas, mas se assemelham e, por isso, se identificam e se sentem atraídos um pelo outro – essa é a idéia que se depreende da tese de Emmanuel e não há nela nenhuma contradição com a idéia expressa pelos Espíritos reveladores. Ao contrário, essa idéia está implícita no texto da resposta à questão

301 de *O Livro dos Espíritos*, em que os Espíritos assim se expressam: "A simpatia que atrai um Espírito para outro resulta da perfeita concordância de seus pendores e instintos". Precisamos lembrar aqui que, além dessa simpatia pela identidade de nível evolutivo, há afeições particulares entre os Espíritos como está explícito na questão 291 de *O Livro dos Espíritos*. O afeto mencionado na tese das almas gêmeas é um sentimento desse tipo.

As dificuldades na compreensão dessa tese – uma leitura mais profunda

As dificuldades na interpretação do texto de Emmanuel surgem porque, muitas vezes, o leitor se prende às palavras, não percebendo que elas são apenas símbolos e que só aproximadamente podem refletir a realidade a que se referem. O texto dos Espíritos é uma síntese do panorama das ligações afetivas entre as almas, abrange mais amplamente essas relações, apenas mencionando os pontos de importância capital, como é, de fato, necessário numa síntese. O texto de Emmanuel é o detalhamento de um dos aspectos desse panorama dos caminhos humanos para a edificação do comportamento amoroso.

O que foi analisado como falta de universalidade nessa tese, na verdade, resulta do fato de estar o autor espiritual referindo-se a um momento da evolução e não à sua totalidade. Isso fica bastante claro, quando, ao ser questionado [questão 327] sobre a alma gêmea de Jesus, afirma ele:

> Não julgamos acertado trazer a figura do Cristo para condicioná-la aos meios humanos, num paralelismo injustificável [...] *Nele cessaram os processos*, sendo indispensável reconhecer na sua luz as realizações que nos compete atingir. (grifo nosso)

O processo de ligação afetiva descrito por ele, portanto, não é aplicável aos seres que já atingiram as culminâncias da plenitude com a qual apenas sonhamos. Isso também está explícito em *O Livro dos Espíritos*, na questão de número 300, em que os Espíritos afirmam: "Todos os Espíritos estão reciprocamente unidos. Falo dos que atingiram a perfeição". Compare-se esse trecho com o que diz Emmanuel na questão 326 de *O Consolador*: "[...] atingida a culminância evolutiva, todas as expressões afetivas se irmanam na conquista do amor divino. O amor das almas gêmeas, em suma, é aquele que o Espírito, um dia, sentirá pela Humanidade inteira".

Os textos, ao que nos parece, ensinam uma coisa só, a divergência não está nos ensinos, mas no resultado da leitura. Tentemos comprovar isso, transcrevendo as questões de um e outro texto, que podem levar a essa leitura divergente:

Questão 298 de *O Livro dos Espíritos*:

> *As almas que devam unir-se estão, desde suas origens, predestinadas a essa união e cada um de nós tem, nalguma parte do Universo, sua metade, a que fatalmente um dia se reunirá?*
> "Não; não há união particular e fatal, de duas almas. A união que há é a de todos os Espíritos, mas em graus diversos, segundo a categoria que ocupam, isto é, segundo a perfeição que te-

nham adquirido. Quanto mais perfeitos, tanto mais unidos. Da discórdia nascem todos os males dos humanos; da concórdia resulta a completa felicidade."

Questão 323 de *O Consolador*:

Será uma verdade a teoria das almas gêmeas?

"No sagrado mistério da vida, cada coração possui no Infinito a alma gêmea da sua, companheira divina para a viagem à gloriosa imortalidade.

Criadas umas para as outras, as almas gêmeas se buscam, sempre que separadas. A união perene é-lhes a aspiração suprema e indefinível. Milhares de seres, se transviados no crime ou na inconsciência, experimentam a separação das almas que os sustentam, como a provação mais ríspida e dolorosa, e, no drama das existências mais obscuras, vemos sempre a atração eterna das almas que se amam mais intimamente, evolvendo umas para as outras, num turbilhão de ansiedades angustiosas, atração que é superior a todas as expressões convencionais da vida terrestre. Quando se encontram, no acervo dos trabalhos humanos, sentem-se de posse da felicidade real para os seus corações – a da ventura de sua união, pela qual não trocariam todos os impérios do mundo, e a única amargura que lhes empana a alegria é a perspectiva de uma nova separação pela morte, perspectiva essa que a luz da Nova Revelação veio dissipar, descerrando para todos os espíritos, amantes do bem e da verdade, os horizontes eternos da vida.

Aparentemente, um texto responde *não* e o outro *sim* à mesma pergunta, mas só aparentemente, pois as perguntas são diferentes. A pergunta feita por Kardec busca esclarecer se há em algum ponto do Universo uma alma que seja o complemento da nossa, à qual fatalmente nos iremos unir, para que nos tornemos um ser integral. A resposta só poderia ser mesmo negativa, e precisamos fixar bem a informação de que *não existe nenhuma determinação divina, definindo* fatalmente *a união de duas almas; o que está determinado por Deus é a união de todas as almas, mas quando atingirem a culminância da perfeição relativa a que podemos aspirar*. O texto de Emmanuel descreve um processo de interação afetiva que ocorre numa determinada faixa evolutiva do Espírito imortal, processo que tem o objetivo de desenvolver na criatura a capacidade de amar igualmente a todas as outras criaturas, o que se depreende claramente da resposta à questão 326 citada anteriormente.

É diferente afirmar-se que *não há união fatal entre dois seres* e que *dois seres se buscam por se identificarem*. A primeira afirmação é a síntese do pensamento dos Espíritos e a segunda, do pensamento de Emmanuel. E o pensamento de Emmanuel está confirmado integralmente pela resposta que os Espíritos deram à questão 386 de *O Livro dos Espíritos*. Observe:

> *Podem dois seres, que se conheceram e estimaram, encontrar-se noutra existência corporal e reconhecer-se?*
> "Reconhecer-se, não. Podem, porém, sentir-se atraídos um para o outro. E, freqüentemente, diversa não é a causa de íntimas ligações fundadas em sincera afeição. Um do outro dois seres se aproximam devido a circunstâncias aparentemente fortuitas, mas que na realidade resultam da atração de dois Espíritos, que *se buscam reciprocamente por entre a multidão*."

Daí a segurança com que afirmo não haver divergência entre os ensinos de uns e de outro, mas uma confusão na leitura dos textos, motivada por dificuldades perfeitamente compreensíveis, pois o processo de comunicação mediado pela linguagem escrita é de fato bastante complexo.

A primeira frase do segundo parágrafo do texto de Emmanuel: "Criadas umas para as outras [...]" pode ser o motivo principal da confusão do leitor, uma vez que se pode inferir daí uma conotação de fatalidade da união deles determinada pelo Criador, mas não devemos realizar inferências apenas considerando parte do texto, é preciso que ela seja confirmada pela intenção geral do autor, e isso não ocorre, como já pudemos constatar. Essa inferência seria, portanto, desautorizada pelo contexto em que se insere a frase analisada.

O ENSINO FUNDAMENTAL QUE PODEMOS DEDUZIR DA TESE DAS ALMAS GÊMEAS

Há ensinos bastante preciosos nessa tese e devemos aproveitar o ensejo para examinar aquele que nos parece fundamental. Encontramos um texto de Lázaro, no capítulo XI, item 8 de *O Evangelho segundo o Espiritismo*, em que está traçada a linha evolutiva do ser humano na aprendizagem do amor. Afirma ele:

> Em sua origem, o homem só tem instintos; quando mais avançado e corrompido, só tem sensações; quando instruído e depurado, tem sentimentos. E o ponto delicado do sentimento

é o amor, não o amor no sentido vulgar do termo, mas esse sol interior que condensa e reúne em seu ardente foco todas as aspirações e todas as revelações sobre-humanas.

Traçando esquematicamente a informação, temos:

EVOLUÇÃO DO ESPÍRITO AO LONGO DAS ENCARNAÇÕES
INSTINTO SENSAÇÃO SENTIMENTO

Tentemos imaginar a situação dos homens primitivos, movidos pelos instintos. As interações afetivas, a princípio, inexistem, e a perpetuação da espécie é determinada pelas leis naturais que regem as uniões sexuais desde o reino animal. O homem, contudo, é um ser destinado à plenitude da interação amorosa com os seus semelhantes, mas é preciso que isso tenha um ponto de partida, um início. Como sairá o ser primitivo do império do instinto para a sutileza do sentimento? Podemos supor que a Providência Divina tem um plano didático para direcionar essa aprendizagem e essa suposição é verdadeira: o processo descrito por Emmanuel faz parte desse plano didático.

Em sua sabedoria, determinou Deus, por meios que desconhecemos, a identidade entre esse ser primitivo e um outro, de tal maneira que, dentre as inúmeras ligações sexuais fortuitas, impulsionadas pelo instinto, o ser experimentasse uma sensação diferente ao interagir com aquela criatura afim. A sensação nova determinaria no psiquismo ainda primário o impulso de buscar particularmente aquela outra individualidade, que também estaria experimentando a mesma emoção. A ligação que se estabelece, então, entre ambos passa a ter um caráter diferente, e, ao longo das muitas encarnações que precisam viver, a fim de progredir, essa emoção se torna fonte de crescimento afetivo, na direção da conquista da capacidade de amar.

Naturalmente que, conforme esclarece ainda o lúcido Mentor espiritual do médium Chico Xavier, há encarnações em que estão unidas essas almas e outras em que estão separadas, pois o plano geral é o de ampliar as interações afetivas. Nesse imenso panorama que se descortina diante de nós, mediante a informação da tese das almas gêmeas, podemos visualizar os grandes dramas amorosos, os encontros e desencontros que têm suscitado tragédias, romances e poemas desde a mais remota Antigüidade.

Durante as experiências em que estão separadas, as almas afins realizam outras interações afetivas, com grandes chances de construir novos relacionamentos, com base nas experiências emocionais já vividas, mas, enquanto estiverem nas faixas mais baixas da escala espírita,[75] experimentarão mais necessidade do contato com sua alma afim, para fruírem de modo mais intenso o prazer da interação amorosa, e, por muito tempo ainda, mesmo que outros afetos já se tenham incorporado à vivência de cada uma, sempre que unidas, as almas gêmeas experimentam emoções mais intensas e particulares.

[75]KARDEC, Allan. *O Livro dos Espíritos*, questões 100 a 113.

O que podemos concluir do estudo desses textos é que, analisando a nossa situação no plano evolutivo traçado por Lázaro, podemos considerar que nos encontramos, agora, em trânsito do império das sensações para o predomínio do sentimento. Nessa fase evolutiva, levando em conta os milênios já vividos, temos um considerável acervo de contatos amorosos.

O reencontro com essas almas, que no passado já estiveram ligadas a nós por laços afetivos, provoca a emersão de emoções muito vivas, que, geralmente, temos dificuldade de interpretar. Ainda vivemos sob pressões muito fortes da matéria, e as sutilezas do Espírito não são alcançadas com eficiência pela nossa possibilidade de análise. Bem diz o ditado popular que "o coração tem razões que a própria razão desconhece". Por isso, precisamos ter cautela em identificar, nesse ou naquele encontro amoroso, a nossa "alma gêmea".

Na verdade, nós já não estamos mais naquela fase primitiva de evolução e, nesta fase em que nos encontramos agora, temos um complexo arquivo perispiritual de contatos afetivos, uma vez que pudemos, em várias existências, ligar-nos amorosamente a muitas individualidades, cujas presenças em nossas vidas representam importante oportunidade para cultivar laços amorosos cada vez mais intensos, retificando comportamentos equivocados do passado e estendendo nossa capacidade de amar. É essa a razão por que

Emmanuel, no texto em que responde ao questionamento feito acerca de sua tese, afirma: "[...] ninguém, a rigor, pode estribar-se no enunciado para desistir de veneráveis compromissos assumidos na escola redentora do mundo, sob pena de aumentar os próprios débitos, com difíceis obrigações à frente da Lei". [O *Consolador*, mensagem retirada de "Nota à primeira edição".] Em outras palavras, ele não ratifica o comportamento inconseqüente dos que deixam a meio do caminho uma relação afetiva, para iniciar outra com a desculpa de que esta outra é que representa a união com sua "alma gêmea".

Temos que reconhecer a necessidade de nos empenharmos muito para buscar a plenitude do verdadeiro amor, que, na metáfora feliz de Lázaro, é qual um sol interior e podemos ver, nessa simbologia, toda a riqueza de idéias que nos remete às considerações sobre uma energia capaz de aquecer, vivificar, iluminar, produzir alegria e serenidade. Embora estejamos distantes dessa realização, não se pode negar que é consolador saber que, em algum ponto do Universo, existe alguém que partilhou conosco os primeiros passos na árdua conquista do afeto, que guarda lembranças carinhosas disso, que anseia pela nossa presença, pelas trocas afetivas que podemos realizar sempre, que vibra por nós e com quem podemos nos sentir plenos, ainda que sejamos criaturas tateantes nos caminhos do amor.

Os caminhos do amor – "A pipa e a flor"

Poucas pessoas conseguiram definir tão bem os caminhos do amor como Rubem Alves numa fábula surpreendente, cujas personagens são uma pipa e uma flor.[76] Vamos reproduzi-la aqui, não textualmente, mas de forma mais sintética, conforme a trazemos em nossa memória, para analisar depois como esta fábula nos ajuda a entender de modo mais simples a complexa inter-relação afetiva entre os que se enamoram:

A história começa com algumas considerações de uma personagem que deduzimos ser um velho sábio. Ele observa algumas pipas presas aos fios elétricos e aos galhos das árvores e afirma que é triste vê-las assim, porque as pipas foram feitas para voar. Acrescenta que as pessoas também precisam ter uma pipa solta dentro delas para serem boas. Mas aponta um fator contraditório: para voar, a pipa tem que estar presa numa linha e a outra ponta da linha precisa estar segura na mão de alguém. Poder-se-ia pensar que, cortando a linha, a pipa pudesse voar mais alto, mas não é assim que acontece. Se a linha for cortada, a pipa começa a cair.

Em seguida, ele narra a história de um menino que confeccionou uma pipa. Ele estava tão feliz, que desenhou nela um sorriso. Todos os dias, ele empinava a pipa alegremente. A pipa também se sentia feliz e, lá do alto, observava a paisagem e se divertia com as outras pipas que também voavam.

---

[76] ALVES, Rubem. *A pipa e a flor*.

Um dia, durante seu vôo, a pipa viu lá embaixo uma flor e ficou encantada, não com a beleza da flor, porque ela já havia visto outras mais belas, mas alguma coisa nos olhos da flor a havia enfeitiçado. Resolveu, então, romper a linha que a prendia à mão do menino e dá-la para a flor segurar. Quanta felicidade ocorreu depois! A flor segurava a linha, a pipa voava; na volta, contava para a flor tudo o que vira.

Acontece que a flor começou a ficar com inveja e ciúme da pipa. Invejar é ficar infeliz com as coisas que os outros têm e nós não temos; ter ciúme é sofrer por perceber a felicidade do outro quando a gente não está perto. A flor, por causa desses dois sentimentos, começou a pensar: se a pipa me amasse mesmo, não ficaria tão feliz longe de mim...

Quando a pipa voltava de seu vôo, a flor não mais se mostrava feliz, estava sempre amargurada, emburrada, querendo saber com quem a pipa estivera se divertindo. A partir daí, a flor começou a encurtar a linha, não permitindo à pipa voar alto. Foi encurtando a linha, até que a pipa só podia mesmo sobrevoar a flor.

Essa história, segundo conta o autor, ainda não terminou e está acontecendo em algum lugar neste exato momento. Há três finais possíveis para ela:

1º) A pipa, cansada pela atitude da flor, resolveu romper a linha e procurar uma mão menos egoísta.

2º) A pipa, mesmo triste com a atitude da flor, decidiu ficar, mas nunca mais sorriu.

3º) A flor, na verdade, era um ser encantado. O encantamento se quebraria no dia em que ela visse a felicidade da pipa e não sentisse inveja nem ciúme. Isso aconteceu num belo dia de sol e a flor se transformou numa linda borboleta e as duas voaram juntas.

As reflexões do velho sábio traduzem numa metáfora precisa o desenvolvimento da capacidade afetiva. Em primeiro lugar, destaca-se o fato de que as pipas foram feitas para voar, isto é, os seres criados por Deus foram feitos para atingir a plenitude da vivência amorosa e, para isso, é preciso ter leveza – *ter uma pipa solta dentro de si* – (a pipa é feita de material leve), ou seja, é preciso libertar-se das amarras materiais, desenvolver os potenciais e valores do espírito. Em segundo lugar, não se aprende isso sozinho, a linha a que a pipa está presa e que se mantém segura pela mão do menino, que a confeccionou, simboliza o relacionamento do indivíduo com seus pais no início da aprendizagem do afeto.

No simbolismo do fio, encontramos uma imagem perfeita da conjugação entre segurança e liberdade, fatores imprescindíveis ao desenvolvimento da capacidade afetiva. Os pais devem dar aos filhos a segurança e precisam dosar a liberdade, na medida do crescimento deles. Se a linha ficar muito solta, a pipa não consegue atingir as alturas, começa a voar à deriva e cai. Se a linha ficar muito curta, também não há possibilidade de vôos maiores, a pipa cabeceia rapidamente e também acaba caindo. Assim, na vivência familiar, a criança precisa ir recebendo "mais linha" à proporção que demonstre essa necessidade, a fim de que possa alcançar o desenvolvimento possível de seu potencial afetivo na presente encarnação.

Dar linha demais seria assumir um comportamento permissivo, sem mostrar à criança os seus limites e sem disciplinar suas tendências negativas. Não é uma atitude que possibilite um crescimento sadio do educando. Dar pouca linha seria impedir a manifestação da espontaneidade infantil, tratando a criança com rigor demasiado, exigindo dela um comportamento antinatural. Manter a tensão correta da linha representaria encontrar o equilíbrio, oferecendo apoio, afeto e incentivo à criança, mas mostrando-lhe ao mesmo tempo que há limites para o exercício da sua liberdade e esses limites estão no respeito que se deve ter em relação às pessoas com quem ela se relaciona.

No episódio do encontro com a flor, entendemos que, em determinado momento da vida, também os filhos, pela escolha de um companheiro ou companheira, rompem a "linha" que estava presa às mãos dos pais para dá-la à flor que os enfeitiçou. Esse feitiço é o encantamento que une os jovens enamorados e faz com que o desejo predominante entre eles passe a ser o de realizar a união mais íntima para viver esse amor. Destaca-se ainda na fábula o fato de que o encantamento não resulta da forma exterior da flor, mas dos olhos. Diz a sabedoria popular que os olhos são o espelho da alma; o encantamento, por conseguinte, segundo o símbolo da fábula, prende-se a uma história interior que tem suas raízes na realidade maior que rege a vida.

O que precisamos anotar com atenção é que esse encantamento não se origina apenas das verdadeiras afeições espirituais. Informam os Espíritos reveladores que

> [...] quantos não são os que acreditam amar perdidamente, porque apenas julgam pelas aparências, e que, obrigados a viver com as pessoas amadas, não tardam a reconhecer que só experimentaram um encantamento material![77]

Esclarecem ainda que a afeição da alma é durável, mas a do corpo é perecível. É de suma importância, pois, que os que se enamoram e se sentem presas desse encantamento indefinível, busquem olhar mais claramente dentro de si mesmos.

A UNIÃO CONJUGAL NOS SÍMBOLOS DA FÁBULA

A relaçao entre a pipa e a flor é a metáfora do casamento. Impressiona a escolha desses símbolos que nos faz admirar a sabedoria do autor da fábula. Observa-se que não há um elemento feminino e outro masculino. Se houvesse, poderíamos supor posições irremovíveis como representações do homem e da mulher no relacionamento amoroso. Não havendo, entende-se que estar na posição da pipa ou da flor não depende do sexo. Pode-se inclusive inferir a possibilidade de alternância dessas posições ao longo do relacionamento amoroso.

Em nossa cultura, há algum tempo, era mais freqüente que a mulher se colocasse na posição da flor, porque, tradicionalmente, a ela estava reservado o limi-

[77]KARDEC, Allan. *O Livro dos Espíritos*, questão 939.

te da atividade doméstica, enquanto que ao homem abriam-se os horizontes do mundo. Ela, portanto, seria aquela que ficaria aguardando o retorno da pipa, para usufruir o conhecimento da vida lá de fora e seria mais facilmente acometida pela inveja da liberdade de que desfrutava o homem. Hoje, essas posições já se alteraram tanto, que tem sido mais comum ver os maridos "encurtando as linhas" de suas esposas, impedindo-as de realizar mais amplos vôos de realização cultural, social ou profissional.

Com a óptica que a Doutrina Espírita nos propicia, podemos propor uma leitura original desses símbolos. Sabemos que os casamentos na Terra não se dão unicamente pela aproximação de Espíritos simpáticos, há uniões provacionais, em que se aproximam, pelos laços conjugais, individualidades comprometidas por sérios desvios afetivos de vidas anteriores. O objetivo é que essas criaturas se rearmonizem pela vivência em comum. Dentro da família, vamos encontrar credores e devedores do passado. Aquele que lesou afetivamente o outro, recebê-lo-á junto de si, na posição de filho(a) ou de companheiro(a), a fim de reescrever a história desse afeto. Na união conjugal, o símbolo da pipa se identifica com a posição desse devedor e o da flor, com a posição do credor, podendo um ou outro estar encarnado como homem ou como mulher.

A necessidade que apresenta a pipa de voar cada vez mais alto e de compartilhar momentos de alegria com outras pipas simboliza o desejo íntimo do devedor de se libertar dos laços constringentes da dívida que o amarra. Quem é que gosta de pagar? Por isso, o devedor experimenta a relação conjugal como um espaço pequeno demais para as suas necessidades afetivas. Contraditoriamente, a individualidade que experimenta esse desejo de liberdade sabe intimamente que precisa resolver a pendência afetiva que está interceptando seu passo no rumo de maiores vôos espirituais, por isso tem necessidade de retornar ao convívio da sua "flor" para alegrá-la, isto é, existe em seu íntimo a necessidade de que o outro esteja bem, por isso a atitude de desagrado da "flor" incomoda tanto.

No dia-a-dia dos relacionamentos conjugais, algumas atitudes caracterizam a posição de devedor: ele tem mais dificuldade de ajustar-se aos limites rígidos que são culturalmente impostos pelo casamento, sente irresistível necessidade de olhar para fora desse ambiente em que sente ter-se inadvertidamente aprisionado. E o devedor é, por isso mesmo, quem está mais aberto a outras relações, sejam sociais, sejam extraconjugais. É aquele que se dedica, às vezes compulsivamente, a alguma atividade fora do lar, envolvendo-se com a realização profissional, cultivando um tipo de lazer ou de esporte, ou realizando uma função no âmbito religioso. Geralmente, é aquele que se esquece das datas de aniversário do cônjuge, de casamento e outras.

A posição do credor está caracterizada por uma maior capacidade de ajustar-se aos limites do casamento tradicional. O credor é aquele que se volta inteiramente para o outro, dedica-se com empenho ao grupo familiar, não encontrando nada importante que o desvie para fora dessa relação. É geralmente fiel ao parceiro(a) e tem pouco espaço psíquico para outros afetos, manifestando ciúme do relacionamento do cônjuge com qualquer pessoa, até mesmo com os seus parentes e, em casos extremos, com os próprios filhos. Tem dificuldade de aceitar a necessidade que o outro manifesta de maiores espaços, por isso demonstra desagrado pelo fato de que o outro esteja dedicando tempo a atividades profissionais, sociais, esportivas ou religiosas – *se a pipa me amasse de verdade, não ficaria feliz longe de mim.* Tem necessidade de exercer um certo controle sobre o outro, saber onde está, com quem está, o que está fazendo, etc. Quando o credor é o homem, ele tem dificuldade de admitir que a mulher trabalhe fora, pois controlar as finanças da família é uma maneira de manter o outro sob controle rígido. Se o(a) companheiro(a) fica doente, é capaz de uma dedicação sem limites e pode-se perceber a felicidade que intimamente sente, porque assim tem o outro só para si.

Esse retrato se ajusta com grande precisão a alguns relacionamentos e, nesse caso, podemos perceber a lei de causa e efeito, reunindo pelo casamento uma individualidade que, por sua atitude inconseqüente, lesou a outra afetivamente no passado. A dificuldade do relacionamento, embora já esteja presente no tempo do namoro e do noivado, vai evidenciar-se somente depois de os dois terem assumido a vida em comum, porque antes da união conjugal o encantamento impede uma visão mais objetiva dos fatos.

Em outros casos, não se evidenciam tão nitidamente esses papéis, porque o inter-relacionamento humano se reveste de grande complexidade, podendo ocorrer que a dívida seja recíproca, tendo acontecido no relacionamento anterior obstáculos ao crescimento de cada um dos envolvidos em aspectos diferentes da vivência afetiva. Como também pode acontecer que ambos sejam devedores dos próprios filhos, o que geraria comportamentos diferentes dentro da família.

Essas descrições do comportamento do credor e do devedor devem ser analisadas como estereótipos de comportamentos possíveis, é um esforço de concretização no plano verbal das reações produzidas pelas matrizes de culpa e cobrança que podemos internalizar, pelas ações desenvolvidas em uma encarnação e que se projetam na vida subseqüente, contaminando as relações afetivas e dificultando o ajuste de individualidades que precisam retomar seu crescimento espiritual. Não devem ser, portanto, analisadas como retrato fiel dos casamentos, de modo geral. Seria bom ter em mente que, numa mesma relação afetiva, podemos, ora ter ativada a matriz do débito, ora a da cobrança, uma vez que todos temos, pelas múltiplas experiências já vividas, as duas matrizes no arquivo perispiritual.

O que importa é que cada um efetue uma análise de seu próprio relacionamento e do papel que vem desempenhando no cenário dessa relação afetiva, com a finalidade de detectar se o seu comportamento não vem sendo ditado por um conteúdo registrado nesses arquivos da memória profunda, para que a conscientização do problema possa levar ao caminho mais viável de ampliação da capacidade de amar. A fábula aponta três possibilidades de solução para o problema. Examinemos cada uma delas.

O divórcio

A pipa se liberta daquela flor e vai procurar uma mão menos egoísta. Simbolicamente está aí representado o divórcio. A separação entre os cônjuges é uma possibilidade de resolução dos conflitos que se estabelecem dentro do lar, embora, culturalmente, mais pela influência das idéias religiosas predominantes em nossa sociedade, seja um caminho de intenso sofrimento.

A Doutrina Espírita nos permite ver o divórcio de outra maneira. Os Espíritos, em alguns de seus ensinos, são bastante diretos no questionamento às amarras culturais em que nos temos enredado. Na resposta à questão 940, por exemplo, quando apontam o erro nas leis humanas que determinam a indissolubilidade do casamento, dirigem a Kardec uma pergunta: "[...] Julgas, porventura, que Deus te constranja a permanecer junto dos que te desagradam?".[78]

[78]KARDEC, Allan. *O Livro dos Espíritos*, questão 940.

A indissolubilidade do casamento é uma determinação humana e a estruturação social que coloca a mulher numa posição de dependência econômica, acrescentando dificuldades maiores à dissolução do casamento, também é resultado da ação dos homens. O que é determinação de Deus é que se unam os seres pelo amor, a fim de que a afeição mútua dos esposos permita o desenvolvimento da capacidade afetiva naqueles que eles venham a receber como filhos. Se a possibilidade de cultivar essa afeição se torna impraticável e a psicosfera familiar, em conseqüência disso, passa a apresentar predominantemente as vibrações de ressentimento, raiva, ódio e outros sentimentos semelhantes, é melhor optar pelo rompimento dos laços matrimoniais, ainda que isso represente um adiamento na resolução dos compromissos assumidos.

É muito comum, no meio espírita, uma pregação de teor dogmático que afirma ser esse adiamento o desencadear de situações muito mais aflitivas no futuro. Não há nenhuma possibilidade de se provar isso, porque cada caso é um caso e a generalização é sempre inadequada. Um compromisso afetivo adiado poderá também ser retomado mais tarde, nesta ou em outra vida, quando as criaturas já se encontrem melhoradas pelo processo evolutivo, resultando numa união mais viável, em funções familiares diferentes.

O divórcio é um caminho para reencontrar o amor, mas antes de optar por ele, deve-se avaliar criteriosamente a situação e sondar as causas reais do fracasso do relacionamento a que se quer colocar um ponto final. Se não houver essa avaliação, poderá ocorrer que em relacionamentos futuros se estruture uma situação de conflito semelhante. O problema é que a causa das dificuldades afetivas pode estar dentro de nós mesmos e, sem corrigi-las, não nos permitiremos viver uma relação amorosa verdadeira.

O caso que ilustra esse ponto da questão é a história de Ildeu e Marcela, contada por André Luiz.[79] O resumo dos fatos que compõem essa história é o seguinte: em uma vida anterior, eles eram casados, mas Ildeu abandona Marcela para viver em liberdade com outras mulheres. Envolve-se, então, com duas irmãs que também acaba abandonando e volta, doente e cansado, para o lar anterior, encontrando Marcela feliz ao lado de outro homem. Não suporta isso e assassina o rival. No mundo espiritual, sofrem e avaliam as próprias necessidades e compromissos perante a Lei e decidem retornar à Terra. Na vida subseqüente, reencontram-se e se casam novamente. Por essa relação, retornam à vida o rival assassinado, como primeiro filho, e as duas mulheres afetivamente lesadas, como filhas.

Temos aí o casamento provacional. Ildeu é devedor não só de Marcela, como também dos três filhos. Para Ildeu (devedor) a posição é muito difícil. O constrangimento invisível aos olhos comuns, mas que gera efeitos psicológicos reais, juntamente com o anseio de liberdade

79 XAVIER, Francisco Cândido. *Ação e reação.* Pelo Espírito André Luiz. Cap. 14, "Resgate interrompido".

que experimenta, empurram-no para outra relação extraconjugal. Marcela (credor) está mais adaptada à vida familiar, mas sofre com a atitude do marido. O caso resultaria em crime, não fosse a intervenção dos amorosos mentores espirituais, pois Ildeu entra em estado de extremo desequilíbrio e delibera matar a esposa. Acabam se separando e Marcela, que não tem nenhuma habilitação profissional, vai atravessar grande dificuldade para dar conta da educação dos filhos sozinha.

Os episódios posteriores não foram narrados, pois ainda pertenciam ao futuro quando a história foi contada, mas, nesse ponto da narrativa, André Luiz pergunta o que ocorreria no caso de Marcela conseguir vencer a difícil batalha que se abria à sua frente. Ficaria Ildeu isento de resgatar a dívida? Teria Marcela que retornar ao sofrimento da vida terrena apenas para permitir a Ildeu esse resgate? A pergunta é pertinente, porque costumamos acreditar que nos tornamos devedores uns dos outros. A resposta que lhe é dada representa a correção dessa distorção da leitura que temos feito da lei de causa e efeito. O Mentor esclarece que Ildeu não é devedor de Marcela. Na verdade, é um devedor perante a própria consciência, isto é, ao agir do modo como agiu nas duas vidas descritas, internalizou a matriz da culpa. Desse modo, inconscientemente, seria levado a estabelecer relações afetivas com criaturas que tivessem a matriz complementar a essa – a matriz do crédito. Enquanto ele não se sentisse reabilitado perante a própria consciência, portanto, não se permitiria viver uma relação amorosa plena.

Essa resposta nos permite também considerar a importância do perdão. Se o credor consegue perdoar a dívida, ele se liberta da matriz complementar e não se submete mais à contingência de retornar ao sofrimento, ao lado do devedor. Jesus recomendou o perdão até setenta vezes sete, enfatizando desse modo o roteiro que nos permitirá alcançar a verdadeira liberdade. O devedor é alguém que deve também utilizar a terapia do perdão. Precisa perdoar a si mesmo as escolhas equivocadas do passado, para criar condições psíquicas de quitação dos próprios débitos perante a vida.

Por isso, antes de optar pelo divórcio, devemos considerar que se a nossa matriz interna for a do devedor, precisaremos, em algum momento da nossa caminhada evolutiva, quitar-nos com as Leis Divinas que estão inscritas em nossa própria consciência. Sem isso, teremos a cada aproximação amorosa a ilusão de ter encontrado o amor, quando, na verdade, estaremos encontrando oportunidades diferenciadas na aparência, mas com o mesmo conteúdo profundo de resgate de um débito que carregamos dentro de nós mesmos.

Casamento sem alegria

A pipa decide ficar assim mesmo, sem poder voar, mas não consegue mais sorrir. Nesse caso, mantém-se o relacionamento familiar, mas ele passa a ser apenas algo que se tolera. Há uma acomodação. A inércia passa a reger a relação afetiva. Não há crescimento dentro dessa relação. A psicosfera familiar não favorece a produção de valores espirituais. Os filhos são diretamente afetados por essa apatia. Mesmo que não se verbalize o conflito, o processo energético que une pais e filhos fica contaminado.

Geralmente essa é a opção dos que consideram a importância da família para a formação dos filhos. Acreditam que a separação seria muito prejudicial a eles, por isso se sacrificam, renunciam a si mesmos, para manter a aparência necessária à continuidade da vivência familiar. Podemos encontrar, eventualmente, algum valor nessa escolha, pois ela poderá produzir aprendizagens que não podemos desconsiderar. Entretanto essa também é a opção dos acomodados, daqueles que não tomam as rédeas da própria vida, preferindo ser vítimas do destino. Nos meios espíritas, eles têm uma frase feita: – *Esse é o meu carma, o que é que posso fazer?* Se estamos fazendo essa escolha, seria bom sondar o nosso mundo íntimo para detectar se estamos nos permitindo viver a lição da renúncia produtiva, ou se apenas nos acomodamos à situação.

Jung relata um caso muito pertinente ao exame deste capítulo. Conta ele que acompanhou o processo de tratamentos de uma menina de, aproximadamente, nove anos.[80] A menina apresentava: temperatura inferior à normal, falta de apetite e cansaço crescente, por isso não podia freqüentar a escola. O médico não encontrava nenhuma razão para os sintomas. Os pais relataram que a criança não era maltratada e não se

[80] JUNG, Carl Gustav. *O desenvolvimento da personalidade*, cap. III, p. 128 e 129.

sentia infeliz em casa. Depois de algumas tentativas infrutíferas de tratamento, a mãe revelou à psicóloga que ela e o marido não eram felizes juntos, mas que nunca haviam comentado qualquer coisa na presença da menina. A mãe desejava separar-se do marido, mas não se decidia a assumir a responsabilidade disso, portanto, a questão permanecia em aberto, sem que nenhum dos dois fizesse esforço para buscar uma solução.

Em conversas com a criança, que contava à psicóloga seus sonhos e seus pensamentos, ficou evidente que a menina havia "adivinhado" a situação que existia entre os pais. Certa vez, ela contou à terapeuta que "a mãe não gostava do pai, mas que não queria falar sobre isso, porque era uma coisa desagradável para os pais". Afirmou ainda que, sempre que o pai viajava a serviço, temia que ele não voltasse mais. Os pais compreenderam que ficar juntos daquela maneira não ajudava a filha, pelo contrário, causava a ela sérios prejuízos. Precisavam, pois, decidir-se a um entendimento verdadeiro para manter o casamento, ou optar pela separação. Tomaram a última decisão e explicaram a situação à menina.

A expectativa de que a separação pudesse prejudicar a criança não se concretizou. Depois que tudo foi esclarecido, a menina melhorou, readquiriu a saúde anterior, bem como o gosto real pela escola e pelos brinquedos. Afirma Jung que a criança sentiu-se aliviada por "não precisar continuar sendo vítima de seus temores e intuições indeterminadas". Acrescentou ainda que "a criança faz de tal modo parte da atmosfera psíquica dos pais que as dificuldades ocultas aí existentes e ainda não resolvidas podem influir consideravelmente na saúde dela".[81]

A Doutrina Espírita ratifica as observações criteriosas do sábio psicanalista. A ambiência familiar influi sobre todos os componentes do grupo. O que se pode ver com os olhos do corpo é uma diminuta parcela dessa intrincada rede de inter-relacionamento. No plano invisível, desdobram-se energias e vibrações que afetam os que se reúnem sob um mesmo teto. Nada permanece oculto, na verdade. É melhor, portanto, encarar os problemas e tentar resolvê-los. Segundo Jung, "o problema do amor faz parte dos grandes sofrimentos da Humanidade; ninguém deveria envergonhar-se pelo fato de ter também de pagar o seu tributo".[82]

Um relacionamento verdadeiro

A terceira possibilidade de solução é a seguinte: o encantamento que prendia a flor se quebra, ela vira uma borboleta e voa junto com a pipa. Para que se quebrasse o encantamento, contudo, foi preciso que ela vencesse os sentimentos negativos que a aprisionavam: o ciúme e a inveja. Esta é a solução mais desejável. É muito sugestiva essa imagem que a fábula nos apresenta. Parece fácil dar esse passo, mas não se afigura tão simples assim na prática do cotidiano. Será necessário

[81] JUNG, Carl Gustav. Op. cit., cap. III, p. 129.
[82] Id., ibid. p. 131.

primeiro tomar consciência do problema e isso pressupõe autoconhecimento e uma visão de mundo mais ampliada do que a que nos propõe a nossa cultura.

Sem essa disposição para nos conhecermos e avaliarmos criticamente nossa visão de mundo, encontraremos muitas maneiras de racionalizar o conflito, isentando-nos da responsabilidade que nos cabe na condução das nossas energias afetivas. Precisamos compreender que o retrato que fazemos de nós mesmos e do nosso mundo não está totalmente de acordo com as realidades que estamos vivendo. É imprescindível considerar que padrões mentais enraizados no passado estruturam a nossa experiência atual, condicionando o modo como reagimos e nos posicionamos perante a vida.

Sem o autoconhecimento, tenderemos a atribuir a culpa do conflito ao outro, ou a algo invisível, colocando-nos como vítimas de tramas ocultas – é a alienação. Sem uma visão reencarnacionista e uma noção das leis de causa e efeito, não encontraremos explicação adequada para as emoções contraditórias que emergem em nosso íntimo, não conseguiremos interpretar corretamente esses fenômenos psíquicos. Esse estado de inconsciência faz com que aquele que está no papel de devedor internalize um ressentimento crescente contra a sua "flor", que nunca lhe dá o espaço de que necessita, enquanto que o que está no papel de credor, incapaz de definir que o que sente é inveja e ciúme, cujas causas são obscuras, passa a alimentar uma mágoa também crescente, porque o afeto e a atenção do outro estão sempre aquém de suas carências.

A busca do autoconhecimento e a ampliação do conhecimento de mundo que a visão reencarnacionista propicia são os recursos de que devemos lançar mão para estabelecer um relacionamento verdadeiro. Se nos reconhecermos na posição do devedor, devemos nos dispor a saldar esse débito com nossa própria consciência por uma atitude equilibrada e madura nas nossas relações afetivas. Isso não significa que precisaremos submeter-nos aos caprichos do(a) companheiro(a). Nossa ação deverá ser no sentido de dar a ele(a) segurança em relação ao nosso afeto, mas ao mesmo tempo defender o espaço de que necessitamos para ter alegria de viver e encontrar motivação para a realização a que nos sentimos impelidos, no plano profissional, social, político ou religioso.

Se nossa posição for a do credor, a atitude adequada será a de perdoar essa dívida. O perdão poderá expressar-se numa busca da nossa própria realização em outros campos da atividade humana, dedicando-nos a alguma tarefa que nos agrade no plano cultural, social, artístico ou religioso. Deveremos estar conscientes de que nossa carência afetiva não nos deve levar a cobranças direcionadas ao(à) companheiro(a), pois há outros afetos importantes à nossa volta, afetos que temos sido incapazes de perceber, porque direcionamos a nossa energia a um único alvo. Será preciso renunciar à necessidade de controlar o outro, permitindo que ele(a) ganhe o espaço de que precisa para encontrar-se consigo mesmo(a). Deveremos alegrar-nos com suas conquistas nas atividades a que se dedica fora do lar e incentivá-lo(a) a perseverar em suas propostas de crescimento, mesmo que isso nos custe eventuais momentos de solidão. Essa é a maneira de quebrar o encantamento, transformando a flor em borboleta, que também será capaz de seus próprios vôos.

Em uma ou outra das posições descritas, será útil usar os recursos da meditação, da mentalização e da prece, para trabalhar num plano interno os fenômenos emergentes dos arquivos pretéritos. As respostas que pudermos encontrar sobre o nosso destino, o significado da vida, o lugar de onde viemos, quem somos, as causas dos acontecimentos que determinam os nossos caminhos formam a base da nossa filosofia de vida. Não podemos contentar-nos com respostas provisórias. Considerar essas respostas como definitivas acarretará um fechamento para a possibilidade de um conhecimento mais profundo.

E esse alerta é válido para o espírita também. Embora possua um conhecimento mais ampliado da realidade, pela assimilação das informações referentes à sobrevivência da alma, sua possibilidade de comunicar-se com o mundo dos vivos, a reencarnação e a lei de causa e efeito, o espírita tende a fechar-se também em posições definidas que se expressam em chavões dogmáticos muito limitadores. A capacidade de indagar abertamente é a base de nossa liberdade essencial –

a liberdade de pensamento. Os conflitos em nossa vida afetiva provam que nossas atitudes pessoais e a nossa filosofia não se harmonizam com aquilo que realmente queremos. O segredo para reverter esse quadro é não aceitar nenhuma resposta como definitiva, porque o amor tem muitos caminhos esperando pela nossa descoberta.

A FAMÍLIA NOS TEMPOS MODERNOS

Vivemos uma época de grandes transformações. Segundo Léon Denis, cada século tem uma particular missão na história, e o século XX parece ter um papel mais destacado: deverá assentar as bases do mundo de regeneração.[83] Para isso, entretanto, é preciso que os valores do passado sejam reexaminados e se destrua o que não poderá contribuir para a nova ordem a ser estabelecida. Muitos acreditam que a família esteja sofrendo, hoje, um processo de extinção. Examinemos, à luz da proposição de Léon Denis, essa assertiva.

O estudo da família pertence ao âmbito da Sociologia, e estudiosos dessa ciência consideram a fase atual como um processo de transformação por que passa esse agrupamento humano, para adequar-se a um novo contexto social. Enquanto, no passado, a família era vista como agrupamento de pessoas ligadas pelos laços da consangüinidade, o conceito hoje se ampliou, considerando os sociólogos que se podem aceitar como família um casal e seus filhos, um casal sem filhos, ou

[83] DENIS, Léon. *O grande enigma*, cap. XVI.

mesmo pessoas que se unem por afinidade.[84] O conceito atual aproxima-se bastante da idéia espírita, já que em *O Evangelho segundo o Espiritismo*, aprendemos que os verdadeiros laços de família não são os da consagüinidade, mas os da afinidade espiritual.[85]

Devemos tranqüilizar, pois, os nossos corações, porque a família não está em extinção, o processo é de transformação. A vulnerabilidade do bebê humano e sua dependência dos cuidados do adulto são indícios muito fortes de que a família é uma necessidade psicofísica do homem e, portanto, será difícil imaginar um sistema social sem essa instituição básica.

O fato de ser a instituição familiar uma necessidade do homem não significa, contudo, que ela seja imutável. A família já se modificou muito desde a fase da sociedade predominantemente agrícola até os dias de hoje. Estamos assistindo a uma nova transformação. Toda mudança sempre acarreta um momento de desorganização e talvez daí tenha surgido a idéia de que a família está se desmoronando, desestruturando-se, extinguindo-se.

Algumas pessoas se sentem tão abaladas por essa desordem transitória, que se aferram a um modo de viver já ultrapassado, na tentativa de preservar valores decadentes, acreditando defender assim os interesses da coletividade. Outras se aproveitam da oportunidade

84 KOENING, Samuel. *Elementos da Sociologia*, cap. XI, "A Família".
85 KARDEC, Allan. *O Evangelho segundo o Espiritismo*, cap. XIV, item 8.

para extravasar seus próprios impulsos desequilibrados. Entretanto o indivíduo que consegue ver o panorama social de um ponto mais elevado, que já desenvolveu a capacidade de pensar criticamente, pode discernir com mais facilidade acerca dos valores a serem preservados, separando-os daqueles que devem ser descartados, contribuindo, desse modo, para a consolidação do progresso. O Espiritismo pode situar-nos nesse ponto mais elevado, pois seu estudo amplia nosso discernimento, proporcionando-nos uma visão mais precisa da experiência humana, situando-a como um elo na infinita corrente das encarnações.

Vamos, agora, partir para uma viagem no tempo e tentar recompor alguns fatos do passado, a fim de que possamos ter uma visão mais nítida que nos facultará uma nova percepção do relacionamento familiar nos tempos atuais.

As pesquisas antropológicas mostram que o princípio da família não se originou no afeto natural. A antiga língua grega tinha uma palavra bastante significativa para designar a família: *epístion*, o que literalmente significa: *aquilo que está junto do fogo sagrado*. A família era, desta forma, um grupo de pessoas a quem a religião permitia invocar os mesmos manes e oferecer o banquete fúnebre aos mesmos antepassados.

É praticamente impossível determinar como se instituiu a família, mas pode-se supor que os seres primitivos se tenham agrupado por necessidade de proteção e segurança. O instinto de preservação da espécie governava a inter-relação de machos e fêmeas, gerando filhos. Os fatos naturais eram observados sem grande compreensão, mas o evento da morte deveria abalar consideravelmente aquelas criaturas primitivas. E parece ter sido a observação da morte que gerou a primeira forma de religião: o culto aos antepassados. Essa era uma forma de religião que tinha o fogo como símbolo sagrado. A crença nessas eras primitivas foi a de o poder reprodutor residir no homem exclusivamente, por isso essa forma de religião doméstica só se transmitia de linha masculina a linha masculina. A mulher só participava desse culto por intermédio do pai ou do marido. A família antiga, ao que parece, instituída a partir do culto aos antepassados, era mais uma associação religiosa do que uma associação natural.

Os antigos não tinham a idéia da Criação. O mistério da geração lhes aparecia como aquilo que o mistério da Criação representa hoje para nós. O gerador surgia-lhes, então, como ente divino, por isso adoravam os antepassados. Nas origens de quase todas as sociedades humanas, esse sentimento é encontrado. O culto religioso não era público, limitava-se ao interior da casa. O fogo sagrado era colocado em recinto fechado, no interior da residência, em local protegido de olhares profanos. O pai era o sacerdote e só ele tinha o poder de ensinar ao filho os ritos, as palavras próprias da oração, os cantos. Tudo isso era patrimônio sagrado da família, inclusive os deuses.

A primeira instituição estabelecida por essa religião doméstica foi o casamento. Como cada família tinha sua própria forma de culto e seus deuses, e isso era passado de pai para filho, o casamento significava, para a mulher, a renúncia aos deuses de sua própria família, para assumir o culto praticado pelo marido. A união conjugal assumia naqueles tempos proporções sagradas. Para o homem, isso significava introduzir uma estranha nos ritos particulares de sua família. Para a mulher, era o rompimento com o mundo conhecido até ali: os deuses de sua infância, os hinos, as orações, o vínculo com seus pais. Por isso a cerimônia do casamento assumia um caráter solene e se resumia nos seguintes atos:

Na casa do pai da moça, em presença do pretendente, o pai, ladeado de sua família, oferecia um sacrifício, com pronúncia de fórmula sacramental, em que declarava dar sua filha ao rapaz. É o desligamento do fogo sagrado paterno. Alguns homens, chamados arautos, eram encarregados de levar a jovem até sua nova residência. A moça seguia com o rosto coberto com um véu, levando uma coroa na cabeça. A coroa era um costume observado em todas as cerimônias do culto. O vestido era branco, pois o branco era a cor do traje em todos os atos religiosos. Em todo percurso, cantava-se ao seu redor um hino religioso. A jovem não podia entrar por si mesma em sua nova habitação. O marido devia carregá-la, simulando um rapto. O ato sagrado acontecia no interior da casa do noivo. À frente do fogo sagrado, a moça era apresentada à divindade doméstica; era aspergida com água lustral; tocava o fogo sagrado. Proferiam-se orações. Os esposos dividiam entre si um pão e alguns frutos. O casamento, para a mulher, representava um segundo nascimento, pois não poderia oferecer mais o banquete fúnebre aos seus próprios antepassados, estava totalmente desligada de sua família de origem. Deveria sacrificar aos antepassados do marido que se tornaram os seus.[86]

Pela força do culto, a união conjugal era algo mais do que união dos sexos ou afeto passageiro. Tal união se propunha como indissolúvel, tornando o divórcio praticamente impossível. A extinção de uma família era tida como terrível ruína, pois os antepassados ficariam privados das oferendas sagradas, precipitar-se-iam no abismo onde moravam os infelizes.

Era sumamente importante que o casal gerasse um filho para que desse continuidade ao culto doméstico. Em virtude dessas idéias, o celibato era considerado falta grave. O celibatário colocaria em risco a felicidade dos manes da família, condenando-se ele próprio à desgraça, pois não teria, após a morte, quem lhe cultuasse a memória.

O homem, portanto, não pertencia a si mesmo, pertencia à família. Além disso, não era somente necessário produzir um filho, era preciso que esse filho

86 FUSTEL DE COULANGES, Numa Denis. *A cidade antiga*. Livro segundo, "A família".

fosse gerado dentro de uma relação abençoada pelo culto religioso. Um filho gerado fora do casamento não podia desempenhar o papel que a religião atribuía ao filho legítimo. Os vínculos de sangue, pois, não constituíam, para o filho, a família; os vínculos do culto é que prevaleciam. O casamento era obrigatório e não tinha como finalidade o prazer. O objetivo principal era o nascimento de um continuador do culto doméstico. Desse ponto de vista, a esterilidade da mulher era motivo para anular-se a união. Se o homem é que fosse estéril, contudo, um irmão ou parente do marido deveria substituí-lo e a mulher era obrigada a entregar-se a esse homem, sendo impedida de se divorciar. A criança gerada dessa união seria considerada filha do marido e continuadora de seu culto.

O nascimento de uma menina não satisfazia aos objetivos do casamento, porque ela não poderia dar seqüência ao culto, uma vez que, ao se casar, renunciaria ao culto do seu pai, passando a pertencer à família e à religião do marido. Era, por conseguinte, o filho que era sempre esperado. A entrada desse filho na família assinalava-se por um ato religioso, uma formalidade em que o pai transformava o vínculo físico em vínculo moral e sagrado.

O direito que se originou nessas crenças considerava a mulher como inferior. Ela jamais poderia ter um lar para si, jamais poderia ser chefe do culto. Nada possuía que lhe desse autoridade na casa. Não era livre, nem senhora de si mesma. Estava sempre no lar de outrem, repetindo a oração desse outro. Para todos os atos da vida religiosa, a mulher necessitava de um chefe e, para todos os atos da vida civil, necessitava de um tutor.

Era a mulher que se incumbia de zelar pelo fogo sagrado. Seu dever era impedir que ele se extinguisse e cuidar para que esse fogo se conservasse puro. A extinção do fogo por algum descuido era um terrível problema que exigia demoradas cerimônias religiosas para sua correção. Essa responsabilidade da mulher, pois, era grande e impedia seu afastamento da residência. O homem tinha grande apreço por seu lar. Fora dele, os deuses dos lares vizinhos lhe eram hostis. O sentimento solidário para com a comunidade ficava prejudicado. O isolamento da família era um fato marcante nas sociedades antigas.

Foi assim durante muito tempo. Podemos imaginar milhares de encarnações em que vivenciamos esse sistema. Esses arquivos permanecem em nossa memória profunda, gerando efeitos na família dos tempos atuais, por incrível que isso possa parecer. Alguns fatos são facilmente verificáveis. Apontamos, por exemplo, os costumes e tradições do casamento que se mantiveram, embora se perdesse a noção das causas de cada um dos itens. Hoje, a noiva ainda se veste de branco (alguns imaginam que isso simbolize a pureza), coloca um véu e uma coroa (grinalda) na cabeça. É conduzida a uma cerimônia religiosa, em que deve ser acompanhada de seu pai e entregue ao noivo; tudo isso ao som de um hino. O marido carrega a esposa ao colo para introduzi-la em casa ou no quarto nupcial.

Ainda hoje, há diferenças no que concerne ao nascimento de um filho ou de uma filha. A mulher continua sendo a responsável pelo "fogo sagrado", pois culturalmente é encarregada de zelar pela união do grupo familiar, de gerar o clima harmonioso dentro de casa, cuidando de todos os aspectos da organização doméstica; o seu afastamento para trabalhos fora do lar é visto como um grande problema. Ela ainda é tida como inferior, apesar de todos os discursos de igualdade, uma vez que seu trabalho não recebe remuneração igual à do homem. O rompimento dos laços conjugais continua sendo uma tragédia, ainda que não se possam identificar as causas profundas dos sofrimentos que acompanham esse processo.

Embora vivamos hoje em comunidades, o sentimento de solidariedade ainda não logrou vencer as barreiras que trazemos dentro de nós mesmos. A comunidade apenas amplia o egoísmo que aquele sistema primitivo de crenças gerou, pois os sentimentos bairristas e nacionalistas continuam gerando comportamentos exclusivistas, endurecendo o coração dos homens, impedindo-o de ver o sofrimento que se desdobra a poucos passos dele e que poderia ser minorado, se se cultivasse mais a caridade. Continuamos vivendo em um sistema familiar fechado. A proximidade gerada pela forma moderna de habitação não tem levado à proximidade entre os corações humanos.

Conflitos familiares

Aprendemos com os Espíritos que a reforma das instituições sociais que entretêm o egoísmo é fundamental para a erradicação desse defeito humano,[87] verdadeiro obstáculo a interpor-se no caminho evolutivo da Humanidade. E a família, pela maneira como está estruturada, é uma dessas instituições, conforme pudemos constatar no capítulo anterior. Somos, portanto, chamados a contribuir para que ela avance, de modo que precisamos ocupar-nos com os estudos e reflexões que nos possam levar aos caminhos da sua reestruturação.

Em primeiro lugar, precisamos meditar sobre os fundamentos de nossas crenças, os valores que defendemos, analisando se não provêm dos arquivos profundos da nossa memória perispiritual, se não estão contaminados pelo egoísmo que internalizamos em incontáveis encarnações no rígido sistema patriarcal.

Em seguida, será necessário observar o processo interativo que ocorre dentro da família. Sempre que se forma um conjunto de indivíduos, estabelece-se uma interação em que seus elementos exercerão reciprocamente uma influência produtora de profundas alterações comportamentais. Nos grupos familiares, é mais fácil observar esse processo na ação do adulto sobre a criança para transmitir-lhe conhecimentos, hábitos e atitudes socialmente aceitos.

[87]KARDEC, Allan. *O Livro dos Espíritos*, questão 917.

O que é preciso destacar é que o processo está presente em todos os grupos humanos e precede a qualquer reflexão pedagógica. Ainda que as pessoas envolvidas não tenham uma preocupação definida em relação aos resultados dessa interação, mesmo que nunca tenham ouvido falar em Pedagogia ou em qualquer teoria da educação, o processo existe e produz efeitos, não só na criança, como também no adulto, como pudemos constatar nos capítulos anteriores. Como vimos, essa interação que se estabelece entre os membros de um grupo está fundamentada em valores. Nossas crenças, nossa maneira de perceber o mundo, serão a base desse processo interativo energético que prescinde de vocábulos para expressar-se.

Segundo o conceito atual, forma-se uma família quando as pessoas se agrupam pelo casamento, por parentesco ou por afinidade. Dentro desse grupo, estabelecer-se-á o processo interativo que vai operar profundas modificações nos indivíduos envolvidos. Focalizando o modo mais habitual de constituição do grupo familiar: a união do homem com a mulher, por intermédio do casamento ou não, perceberemos que o processo interativo entre esses dois indivíduos terá como base os valores que cada um traz de seu grupo familiar de origem e, certamente, haverá conflitos naturais no período de ajuste do novo grupo.

Ainda se espera da mulher que ela renuncie totalmente ao seu passado, como se nascesse de novo com o casamento, conforme se dava nas tradições antigas.

Mas a mulher de hoje reivindica mais os seus direitos, já não se submete tanto. Os tempos modernos marcam a época de valorização do lado feminino tão relegado em outros tempos e isso é importante para o progresso da coletividade.

Esse fato nos traz à memória a passagem anotada por *Mateus*, 19:3 a 9, em que Jesus afirma que o homem deixará seu pai e sua mãe e se ligará à sua mulher. Podemos perceber no verbo "deixar" um sentido que vai além do significado denotativo de afastamento físico. Não seria esse "deixar" um sábio conselho do Mestre de renúncia a atitudes e valores assimilados no grupo familiar anterior, para possibilitar o ajuste do novo núcleo? Não seria uma proposta nova que se confrontaria com o sistema tradicional que precisava ser superado? Jesus, como reformulador, não deixaria de mostrar essa necessidade fundamental de reorganização do núcleo familiar, tão necessária à renovação social.

O que presenciamos hoje nas dificuldades do ajuste da família é, não só o conflito que poderia ser considerado normal no período inicial, mas também uma complicação que se origina em valores decadentes, em preconceitos arraigados pela assimilação de informações culturais de forma acrítica. A tradição cultural é machista e a proposta dos movimentos feministas descambam para o revanchismo. A partir dessas posições machistas e feministas, acirra-se a disputa pelo poder dentro do lar, com todo o seu cortejo de chantagens, hipocrisias e sonegações. Aos poucos, a relação se desgasta e torna-se difícil manter uma interação produtiva e enriquecedora dos valores afetivos.

Devemos entender que há conceitos e valores transmitidos pela cultura em que vivemos que não nos estão ajudando a construir uma inter-relação familiar produtiva. É hora de reconsiderarmos o progresso, para definir o que constrói o significado e valor na vida de um ser humano. Quando se instala o conflito na vivência familiar, nós tomamos como base a nossa maneira pessoal de ver o mundo e a vida, e nos posicionamos de um lado da questão, procurando definir o resultado do conflito, não pelo diálogo maduro, mas pela utilização da quota de poder que julgamos possuir. Levantamos a voz e tentamos impor nossa vontade. Quem está do outro lado faz também o mesmo. Longe de resolver o problema, essa atitude acentua o desentendimento. Mesmo que uma das partes silencie e se submeta, o conflito apenas submerge, não se resolve.

Enquanto nos deixamos levar a esse conflito de vontades, utilizando nossa inteligência e energia para ganhar o "jogo" que se estabeleceu, perdemos a oportunidade de mudar a situação. As tensões submersas podem passar despercebidas por um tempo, mas criam ressentimentos que vão fermentando na intimidade do lar, podendo emergir a qualquer tempo de modo mais intenso, sem que ninguém consiga mais detectar as causas reais do problema. Precisamos perguntar-nos se nossas atitudes partem de um conhecimento real da problemática vivenciada ou se estamos apenas gastando energia para proteger a nossa posição dentro do conflito. Juntem-se a isso as influências invisíveis a se exercerem sobre os componentes do grupo familiar, acirrando o orgulho de cada uma das partes: "Afinal, vamos ver quem é que manda aqui dentro".

O aspecto mais preocupante nesse cenário que cotidianamente se desdobra aos nossos olhos, quando observamos os conflitos familiares, refere-se à ação que o adulto exerce sobre a criança. Todo esse conjunto de circunstâncias afeta a mente infantil e nunca se poderá prever com exatidão as conseqüências futuras de semelhante processo.

Se já estamos aprendendo com a mensagem espírita, podemos abrir mão do comportamento ditado pelo orgulho e observar os problemas que estão no dia-a-dia da família como oportunidades preciosas de aprendizagem no caminho indicado por Jesus. Abnegação, renúncia e perdão podem deixar de ser termos vazios nos discursos religiosos e passar a ter lugar concreto na prática cotidiana, ajudando-nos a soltar nosso apego a posições autocentradas, o que tornará a psicosfera individual e familiar mais propícia às influências positivas dos Espíritos interessados em contribuir para o desenvolvimento da fraternidade nos agrupamentos humanos.

A FAMÍLIA ESPÍRITA

Allan Kardec, ao comentar a poderosa influência da Doutrina Espírita na ação consistente de erradicar da sociedade o orgulho e o egoísmo, afirmou-se otimista quanto ao futuro, por observar a transformação operada pelo Espiritismo em indivíduos adultos, tomados em meio da vida, no fogo das paixões, em plena força dos preconceitos. Antecipou então uma expectativa de maior eficácia dessa ação quando tomasse o indivíduo ao nascer, "ainda virgem de todas as impressões malsãs".[88] A expectativa seria de que uma família espírita vivenciaria a interação no lar com base no respeito, na fraternidade, constituindo um valioso núcleo educacional para os Espíritos destinados a renascer nesses tempos de transformações aceleradas.

Não obstante devamos reconhecer esse poder transformador do Espiritismo, é preciso constatar que o espírita não tem alcançado resultados muito diferentes no âmbito da interação familiar, se compararmos o seu desempenho com o do indivíduo não espírita. Isso nos leva a concluir que ainda não estamos conseguindo compreender em sua essência a mensagem espírita, para instituir um relacionamento familiar mais democrático e equilibrado.

O grande desafio que se lança hoje é o de aplicarmos os conhecimentos que a Doutrina nos faculta, com criatividade, para instituir uma nova forma de inte-

---

[88]KARDEC, Allan. *Obras Póstumas*, Primeira parte, "O egoísmo e o orgulho".

ração familiar. O passado será importante como fonte de experiência, mas não representa o modelo a ser imitado. A família que se estruturará na nova sociedade do mundo de regeneração não será uma reedição da família patriarcal, nem da matriarcal. Não há ainda na Terra essa família do futuro, será necessário instituí-la.

Precisamos compreender que o progresso é uma Lei da Natureza, que não há como detê-lo. O processo de transformação das instituições humanas faz parte do programa de mudanças necessárias para que a Terra evolua de mundo de expiação e prova para mundo de regeneração. O comportamento saudosista de apego ao passado ou os desequilíbrios motivados pela desorganização temporária por que passamos não contribuem em nada para a consolidação das bases novas, sobre as quais deverão repousar as instituições renovadas.

Mais do que nunca, torna-se necessário buscar estudos doutrinários espíritas que levem aos indivíduos as informações necessárias à consolidação de uma nova visão de mundo e, conseqüentemente, à criação de um novo sistema de relação interpessoal. Ao mesmo tempo, precisamos instituir grupos de debates, para avaliação crítica de novas propostas de interação familiar, presentes em obras espíritas e não espíritas. A partir da assimilação desse conjunto de idéias é que a renovação íntima do indivíduo o capacitará a tornar-se um elemento ativo no processo transformador das instituições e da interação social, para a consolidação de uma cultura mais amorosa.

Um velho caminho

"Amai-vos uns aos outros, como eu vos amei."

Jesus

Quando o(a) convidamos, leitor(a), para essa viagem, fizemos-lhe a advertência de que há risco em qualquer jornada e que esta também não fugiria à regra. De fato, estamos, ao viajar pela leitura, isentos dos perigos de acidentes e assaltos, mas há outros perigos não tão ostensivos, mas nem por isso menos efetivos em nossas vidas. Viajando pelo universo das idéias, podemos deparar-nos, por exemplo, com a necessidade premente de nossa própria reformulação diante da problemática que estamos vivenciando. Enquanto permanecemos ignorantes de alguns aspectos menos evidentes, sentimo-nos mais acomodados e confortáveis dentro das posições conhecidas, mas, quando a consciência desperta, passa a existir uma pressão interna para buscar o que, agora, parece-nos desconhecido e ameaçador. Esse o risco de que falávamos e, se isso aconteceu na sua leitura, em algum ponto, creio que foi válido e produtivo o trabalho empreendido. Após essa primeira viagem pelo mundo das idéias sobre a aprendizagem do amor, parece-me que fica a convicção de que o caminho já estava traçado há quase dois mil anos, mas um longo aprendizado se abre à nossa frente para que possamos trilhá-lo.

Conforme nos informam os Espíritos, o homem constrói o seu próprio destino, porque não há fatalidade no que se refere ao mundo moral. Há, pois, muitas possibilidades de desenvolvimento interior, mas temos tido dificuldade para realizar isso, porque, embora possamos adotar um rótulo religioso, nossa base filosófica assenta-se em mensagens culturais influenciadas pelo materialismo que predomina nas sociedades contemporâneas. A Ciência e a Tecnologia mudaram a face do mundo, trazendo conforto material nunca antes experimentado. Foram tão eficientes nisso, que acabamos por crer que tudo é possível nesse fantástico mundo de descobertas e invenções. Esquecemo-nos de observar que as necessidades espirituais ficaram sem respostas.

Nesse momento, a exortação de Jesus para que nos amemos como Ele nos amou deve conduzir-nos à retomada dos valores espirituais. O simples fato de que o amor seja, no dizer de Jesus, a síntese de todos os ensinos que conduzem à plenitude de ser e, conseqüentemente, à felicidade, pode nos facultar a compreensão precisa da importância dele em nossas vidas. A ausência da interação amorosa na infância é calamitosa para o desenvolvimento do indivíduo, como pudemos constatar. É na inter-relação afetiva com os nossos semelhantes que podemos tornar-nos capazes de amar conforme o modelo exemplificado pelo Cristo.

Pedro de Camargo, mais conhecido nos meios espíritas como Vinícius, comenta a diferença da conjugação do verbo amar se feita por nós em relação ao modelo de Jesus.[89] Afirma ele que muitos consideram o verbo amar como intransitivo, porque só amam a si mesmos; a ação de amar nessas criaturas concentra-se neles mesmos e nos membros mais chegados da família. Outros apenas consideram a conjugação na voz passiva, eles nunca amam, são amados ou amam platonicamente, com frieza, sem demonstrações positivas ou práticas; não realizam o bem como fruto do amor, apenas se abstraem da prática do mal. Há ainda os que tomam esse verbo como defectivo: faltam-lhe certos tempos, números e pessoas; só o conjugam, portanto, em relação a algumas pessoas, dependendo de suas raças ou credos religiosos. Jesus, ao contrário, conjuga o verbo amar na voz ativa, como verbo transitivo e regular, isto é, Ele, como sujeito, pratica a ação de amar, dirigindo-a ao próximo, incluindo em sua ação todas as criaturas. Assim também precisamos adotar o paradigma de Jesus em nossa prática amorosa, para atender ao apelo que Ele nos endereçou há tantos séculos.

Para fazermos isso, necessitamos analisar nossos padrões de vida, nossos hábitos, nossas atitudes cotidianas, para constatar que não temos encontrado satisfação em nossa vivência. Estamos sempre apressados, agindo mecanicamente, com o pensamento atrelado ao passado, ou aflitos quanto ao futuro, ou em preparativos infindáveis para eventos iminentes. Será difícil realizar alguma coisa no presente, quando nossas men-

[89]VINÍCIUS. *Nas pegadas do Mestre*, "O verbo amar".

tes estão em outros momentos, sejam passados, sejam futuros. Mas o presente é o tempo que temos para construir. Nenhum sonho se realizará no futuro se não trabalharmos pela sua realização agora. Podemos começar disciplinando nosso pensamento para viver o momento presente, procurando desfrutar do que ele nos traz aqui e agora.

Em seguida, podemos utilizar os recursos que a Doutrina Espírita nos oferece, para ampliar nossos potenciais anímicos, tornando-nos indivíduos melhores, por um processo de autodescobrimento que conduza à auto-educação. Melhorados individualmente, daremos corpo a pensamentos também mais elevados, menos contaminados pelo orgulho e pelo egoísmo. Nossa psicosfera possibilitará a troca energética com individualidades invisíveis também identificadas com os projetos de renovação e aperfeiçoamento. Aos poucos, modificar-se-ão nossos hábitos e atitudes e nos tornaremos os exemplos vivos do comportamento amoroso que imaginamos deva existir nos mundos mais evoluídos. Quando muitos assumirem esse compromisso, conseguirão contaminar os indecisos e fracos, e os poucos que ainda se ativerem aos modelos antigos serão alijados do ambiente da Terra, por absoluta falta de afinidade com a maioria, indo integrar comunidades de outros planetas que apresentem condições compatíveis com seus caracteres.

Enquanto isso, o momento nos pede trabalhar sem desespero, ser solidário sem exigência e tolerar sem desfalecimento no bom combate...

Quando o simum se levanta e ergue das cristas das dunas em repouso o lençol de areia, atirando-o pelo deserto aberto, a caravana que avança pára. Homens e animais se curvam sobre si mesmos e por meio de movimentos rítmicos acionam o corpo a fim de não serem soterrados. Quando cessa o calamitoso grito do vento e a natureza retoma à quietude de antes, a jornada prossegue. E o faz pelo objetivo que tem à frente. Nesses homens se misturam a confiança em Deus e a paz do dever cumprido...

Na vida, muitas vezes, é indispensável que nos dobremos para aguardar que passe a tempestade, embora não fiquemos em inação. Terminado o clamor da borrasca, seguir à frente demandando o alvo, mantendo no coração a paz e na mente a certeza de que Deus é o objetivo.[90]

[90] FRANCO, Divaldo Pereira e SIMBÁ. *Poemas de paz*, p. 59.

Referências bibliográficas

ALVES, Rubem. *A pipa e a flor*. 4ª ed. São Paulo: Edições Loyola, s/d.

______. *Conversa com quem gosta de ensinar*. 24ª ed. São Paulo: Cortez Editora, 1991.

AMORIM, Deolindo. *Anuário Espírita de 1981*. "A Doutrina Espírita e os direitos da mulher." Órgão do IDE – Instituto de Difusão Espírita. São Paulo.

AMORIM, Deolindo e MIRANDA, Hermínio C. *O Espiritismo e os problemas humanos*. São Paulo: USE, 1985.

BECKER, Daniel. *O que é a adolescência*. 9ª ed. São Paulo: Brasiliense, 1992.

BETTELHEIM, Bruno. *Uma vida para seu filho*. 17ª ed. Rio de Janeiro: Campus, 1989.

BUSCAGLIA, Léo. *Amor*. 13ª ed. Rio de Janeiro: Record, 1972.

CALLIGARIS, Rodolfo. *As leis morais*. 14ª ed. Rio de Janeiro: FEB, 2007.

CERVIÑO, Jayme. *Além do inconsciente*. 14ª ed. Rio de Janeiro: FEB, 2005.

DENIS, Léon. *O grande enigma*. 14ª ed. Rio de Janeiro: FEB, 2005.

FRANCO, Divaldo Pereira e SIMBÁ. *Poemas de paz*. 3ª ed. Salvador (BA): LEAL, 1979.

FREIRE, Roberto e BRITO, Fausto. *Utopia e paixão*. 8ª ed. Rio de Janeiro: Rocco, 1988.

FUSTEL DE COULANGES, Numa Denis. *A cidade antiga*. Tradução de Jonas Camargo Leite e Eduardo Fonseca. São Paulo: Hemus, 1975.

GAIARSA, José Ângelo. *A família de que se fala e a família de que se sofre*. 1ª ed. São Paulo: Ágora Ltda., 1986.

______. *Poder e prazer*. 3ª ed. São Paulo: Ágora Ltda., 1986.

JERPHAGNON, Lucien. *História das grandes filosofias*. São Paulo: Martins Fontes, 1992.

JOHNSON, Robert A. *She: a chave do entendimento da psicologia feminina*. São Paulo: Mercuryo, 1987.

______. *We: a chave da psicologia do amor romântico*. Tradução de Maria Helena de Oliveira Tricca. São Paulo: Mercuryo, 1987.

JUNG, Carl Gustav. *O desenvolvimento da personalidade*. 4ª ed. Petrópolis (RJ): Vozes, 1986.

KARDEC, Allan. *A Gênese*. 51ª ed. Rio de Janeiro: FEB, 2007.

______. *Obras Póstumas*. 39ª ed. Rio de Janeiro: FEB, 2006.

______. *O Evangelho segundo o Espiritismo*. 126ª ed. Rio de Janeiro: FEB, 2006.

______. *O Livro dos Espíritos*. 90ª ed. Rio de Janeiro: FEB, 2006.

______. *O Livro dos Médiuns*. 79ª ed. Rio de Janeiro: FEB, 2007.

KOENING, Samuel. *Elementos de Sociologia*. 21ª ed. Rio de Janeiro: Zahar Editores, 1970.

KRAUSE, Gustavo Bernardo Galvão. *Redação inquieta*. 2ª ed. Rio de Janeiro: Globo, 1986.

LIEVEGOED, Bernardus Cornelis Johannes. *Fases da vida*. 21ª ed. São Paulo: Antroposófica, 1991.

LOBO, Ney. *Filosofia espírita da educação*. 1ª ed. Rio de Janeiro: FEB, 1989.

MARTINS, Celso. *A delicada questão da vida*. 41ª ed. São Paulo: EDICEL, 1979.

PEREIRA, Yvonne A. *Devassando o invisível.* 2ª ed. Rio de Janeiro: FEB, 2006.

PIRES, Herculano. *Educação espírita.* 1ª ed. São Paulo: EDICEL, 1970.

RODARI, Gianni. *Gramática da fantasia.* Tradução de Antonio Negrini. 3ª ed. São Paulo: Summus, 1982.

SILVEIRA, Adelino da. *Chico, de Francisco.* 2ª ed. São Paulo: Cultura Espírita União, 1987.

TOFFLER, Alvin. *A terceira onda.* Tradução de João Távora. 3ª ed. Rio de Janeiro: Record, 1980.

VINÍCIUS. *Nas pegadas do Mestre.* 10ª ed. Rio de Janeiro: FEB, 2005.

XAVIER, Francisco Cândido. *Idéias e ilustrações.* Por Espíritos diversos. 6ª ed. Rio de Janeiro: FEB, 2006.

______. *Mãe.* Por Espíritos diversos. 31ª ed. São Paulo: Casa Editora O Clarim, 1974.

______. *Mais Luz.* Pelo Espírito Batuíra. 11ª ed. São Bernardo do Campo (SP): GEEM, 1970.

______. *Missionários da luz.* Pelo Espírito André Luiz. 42ª ed. Rio de Janeiro: FEB, 2007.

______. *O Consolador.* Pelo Espírito Emmanuel. 51ª ed. Rio de Janeiro: FEB, 2007.

______. *Palavras do infinito.* Pelo Espírito Humberto de Campos. 41ª ed. São Paulo: LAKE, 1973.

______. *Vida e sexo.* Pelo Espírito Emmanuel. 25ª ed. Rio de Janeiro: FEB, 2007.

Este livro foi impresso
no Departamento Gráfico da
FEDERAÇÃO ESPÍRITA BRASILEIRA
na cidade do Rio de Janeiro
em setembro de 2007.

www.febnet.org.br